U0590442

REN WEN FENG KAI

BOOK
广东旅游出版社
GUANGDONG TRAVEL AND TOURISM PRESS

人文封开

陈以良　主编

图书在版编目（CIP）数据

人文封开 / 陈以良主编. -- 广州：广东旅游出版社, 2011.12
ISBN 978-7-80766-341-6

Ⅰ.①人… Ⅱ.①陈… Ⅲ.①文化史 – 封开县 Ⅳ.①K296.54

中国版本图书馆CIP数据核字(2011)第235885号

协调统筹：黄京康
策划编辑：江丽芝
责任编辑：蔡子风
封面设计：何　阳
美术编辑：何　阳
责任技编：刘振华
责任校对：李瑞苑

本书图片由封开县委宣传部提供。
主要摄影作者：谢京中、谢厚灿、侯炳娟、许庆彬、徐晓东、陈楚源、曾力游、
董戒躁、黄俊文、罗照明、陈　宪、李锦秋、陈有德、刘小明、陈炳文、叶　清、
卢志标、麦炳强、宾森琳、曾淑芬、伍世泉、卢　健、姚锦鸿。

广东旅游出版社出版发行
（广州市中山一路30号之一　邮编：510600）
邮购电话：020-87347994
广东旅游出版社图书网
www.tourpress.cn
广州市岭美彩印有限公司印刷
（广州市荔湾区花地大道南海南工商贸区A幢）
720毫米×990毫米　　16开　　12印张　　80千字
2011年12月第 1 版第 1 次印刷
印数：1-6000册
定价：38.00元

【版权所有　侵权必究】
本书如有错页倒装等质量问题，请直接与印刷厂联系换书。

《人文封开》编辑委员会

主　　任：陈以良　孙　德

副 主 任：张　浩　梁均达　李朝阳　吕湛忠　谈细育

编　　委：陈　义　顾兆祺　陈海源　欧荣生　郑时广
　　　　　叶清森　谢小红　叶可晃　何初树　蔡海阳
　　　　　罗有茂　王建华　陈宗煌　杨　松　陈　剑
　　　　　程　红　谢京中　陈楚源　胡思源　褚　坚
　　　　　练景升　谢健江　谭勇明　钟肇红　李宇平
　　　　　潘坤云　张仲权　林红娟　夏睿轩　李婉红
　　　　　蔡子凤

主　　编：陈以良

副 主 编：陈　义　顾兆祺　欧荣生　郑时广　叶清森

执行主编：陈海源　谈细育

审　　稿：陈宗煌　程　红　谢京中　陈楚源　褚　坚

目录contents

广信

封开人文景点示意图

莲都十里画廊
瑶池仙境
岩洞古人生活场景
黑石顶瀑布

怀集县

德庆县

状元湖森林公园

长安镇

金装镇

南丰镇

十里画廊景区

莲都镇

龙山景区

黄岩洞遗址

河儿口镇

千层峰景区

北回归线森林度假区

黑石顶自然保护区

杨池古村

煳南千层峰

大玉口镇

都平镇

渔涝镇

大斑石景区

杏花镇

白垢镇

罗董镇

泌池古村

长岗镇

大洲镇

贺江景区

江口镇

封开县

封川

国家地质公园博物馆

北回归线标志塔

江川镇

平凤镇

郁南县

大斑石

大斑海栖博览中心

贺江第一湾

广信塔

北回归线标志塔

封川古城

国家地质公园博物馆

印象封开

「历史开南粤，首篇在封开。」这是流传在广东学术界的一句话。

封开是岭南文化发祥地，是珠江文化的源头，是广府文化的起点。走进封开，就如同漫步于历史的时光隧道，在这里的河滩或山冈漫步，不经意间就会踩着几万年前的节拍。

在广东要说"讲古"，或许还是封开人最有资格。

走进封开，就如同走进一座将近3000平方公里的博物馆，浓缩了几千年几万年的历史——在你眼前呈现。上古洪荒的时候，就已经有岭南最早的人类在这里繁衍生息，他们留下的雪泥鸿爪，一次次地震动考古学界。20世纪80年代，在河儿口镇峒中岩发现的两枚人牙化石，将广东人类历史推前至14万年，比大名鼎鼎的"马坝人"还早2万年。在此之后，典型石器时代的簕竹口遗址、稀有罕见的

乌骚岭二次葬、规模壮观的利羊墩墓群、葬器丰厚的蛇冲山汉墓，还有星罗棋布的唐宋窑址，都让我们清晰地感受到，人类是怎样步履蹒跚地从洞穴到山冈、从旧石器到新石器、从母系氏族到父系氏族一路走来。看着这些令人目不暇接的遗址和文物，我们可以想象得到，先民们是怎样把爱和信仰都烧制进那有着水纹云纹的彩陶里，男人们是怎样喊着号子去伐檀木，女人们又是怎样唱着歌儿去采苤苢……

这样一直走到汉代，终于迎来了一个辉煌的400年。

十里画廊山峰绵延不绝，山谷金黄稻穗铺至天边。

绿色家园

　　汉武帝花九牛二虎之力平定岭南后，他深感这片疆土的来之不易和守之不易，下圣旨说"初开粤地宜广布恩信"。因为封开这一带人口密集，交通便利，朝廷于是在这里设置了交州刺史部，统管岭南一带，并根据圣意，把这里命名为"广信"。从西汉到东汉，直到三国之际的375年间，这里一直是岭南的首府，现在人们常说封开是"岭南古都"，就是来源于此。也因为广信，才有了后来"广东、广西、广州"这样的地名。

　　在当年，这里不仅是岭南的政治中心，也是岭南文化的发祥地。汉朝大批的中原士人到这里实施统治，传经讲学，从此之后，岭南一带方才"风序泱泱，衣簪斯盛"，以汉文化为尊，且蔚然成风。现在两广人说的粤语，就是中原的雅言跟当地百越语言结合的产物。要说"白话"，这里的封川话才是最古老、最正宗的，也就是一口外地人听起来有点佶屈聱牙的土得掉渣的封川话，孕育出了博大绵长的广府文化。

金秋时节，杨池的柿子红遍乡野，正好与古香古色的岭南镬耳房相映衬。

　　封开的文物如夏夜繁星，相比之下能够让这些珍贵的文物都黯然失色的，是先贤的衣履。除了分别被尊为"王莽老师"和"岭海儒宗"的陈钦、陈元父子，除了"传佛第一人"的牟子，除了名扬中外的士燮，封开人最津津乐道的，还是"岭南第一状元"莫宣卿。这个年幼丧父的孩子，从"南蛮"之地走出去，技压群雄，在17岁那年高中状元，连唐宣宗都说"皇都惊震一声雷"。长安打马游街，九衢万人空巷，"朝为田舍郎，暮登天子堂"的境遇，不知点燃了多少岭南学子的希望。每年莫宣卿诞辰，"甲第开南粤，箕裘启后昆"的对联下面，密密麻麻插满了香烛，诉说着一代又一代读书人的光荣和梦想。

　　相比14万年前的人类活动，更为久远的历史，是大自然的造化。数亿年前的各种地壳运动几乎都在这里留下了深刻的印记，造就了封开奇特、多元的自然景观，封开也因此与山东泰山、云南大理、山西五台山等一同入选国家地质公园。

　　这里的河蜿蜒多姿。一条贺江如大地上的绿色飘带，漫江碧透，水底荇藻摇曳，更兼两岸茂林修竹，泛舟江上，不由觉得恬静秀雅，心旷神怡，以至于物我两忘。相比起贺江的秀美，西江则显得大气磅礴，宽阔的江面百舸争流，浪潮日夜拍打着河岸，仿佛在诉说千年的沧桑变幻。

　　这里的山雄奇壮美。大斑石一石成山，五彩斑斓；千层峰岩层突兀，鬼斧神工；黑石顶与世隔绝，崇林峻茂；十里画廊延绵起伏，宛如阳朔。

　　这里的洞也幽深奇幻，怪石嶙峋，让人浮想联翩……

　　"自来自去梁上燕，相亲相爱水中鸥"，一片青山绿水之间，万物共生共荣，特别是秋冬时节，北来的候鸟或在如镜的水面上安然栖息，或翱翔于蓝天白云之间，一如太古时候的安详和宁静。

　　每到莫宣卿诞辰日，状元祠前鞭炮声阵阵，莫氏宗亲从四面八方赶来祭拜这位"岭南第一状元"。

大斑石横卧稻田，山体一天之内呈现不同的颜色，令人惊艳。

欢乐的卡通气球

但封开也是一片年轻的土地，年轻得就连她的名字，也才只有50年的历史。三国之后，随着岭南的重心逐渐向广州一带东移，这个曾经的岭南首府悄无声息地沉寂下去，梁武帝改广信为"梁信"，辖区只剩下封州一块小小的地方，广信县之外的梧州之地则接过"苍梧"之名，并沿用下来。1961年，封川县和开建县合并，于是有了今天这个容易让人跟"开封"混淆的名字——封开。

这片土地年轻得野心勃勃。在她的新城区还遍地草芜的时候，一个宽阔的人民广场就悄悄铺开了。夜幕时分，先还只是偶尔有几对年轻的情侣在这里喁喁私语，慢慢地，"半边天"们也来了，伴着音乐成群结队地起舞弄影，而现在，更多的孩子们也加了进来，跑着，笑着，广场中心的喷泉一起一

送春联下乡

落，好像是在为这个越来越庞大的合唱打着拍子。两三年间，四周围一天天长高的楼宇，默默地见证着这座城市的昨天和今天。

这曲大合唱当中，还加进了越来越多的外地口音。在广场上，我看到了一批批操着外地方言的小伙子小姑娘。当地人告诉我，这些年轻人多是这几年来的，他们跟封开人一起，夜以继日地开拓着建材、能源、交通、物流的新天地，一如2000多年前的人流浩荡地奔赴岭南。

以前，封开人最尴尬的事情就是听到别人问："啊？不是开封吗？不是在河南啊？哦，搞错了啊？那封开在什么地方啊……"要不就是接到很久没联系的同学朋友的电话："电视上说你们那发大水了，没淹着吧？……"但如果你跟我一样，也在这样的晚上、这样的广场，见到这样年轻、自信的笑容，你一定会相信，封开人的那些尴尬，很快就会变成历史了。

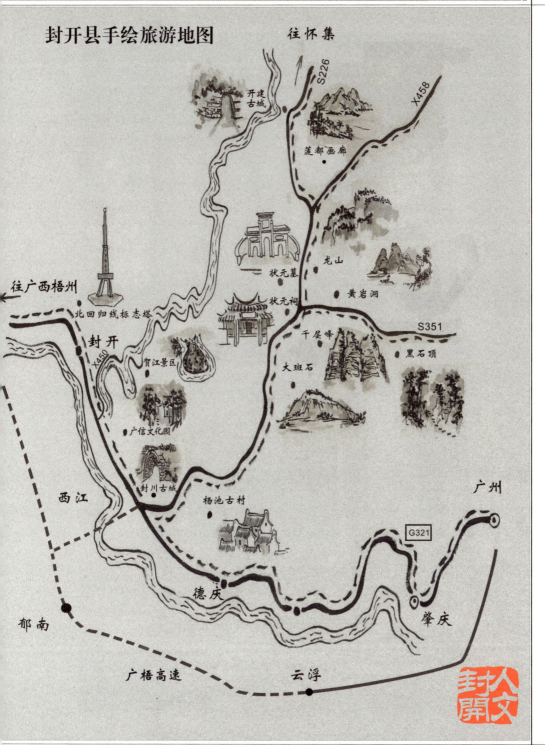

封开县手绘旅游地图

往怀集

S226

X458

开建古城

莲都画廊

龙山

黄岩洞

往广西梧州

北回归线标志塔

封开

X450

状元墓

状元祠

S351

千层峰

黑石顶

贺江景区

大斑石

广信文化园

封川古城

杨池古村

广州

西江

G321

德庆

肇庆

郁南

广梧高速

云浮

史话封开

从岭南最早的人类在封开繁衍生息留下的星罗棋布的遗址中，我们可以清楚地感受到，先民们是怎样由穴居荒野走向修建房屋定居，依靠智慧和力量尝试生存，对自然的惧怕又少了几分。

岭南人从这里繁衍

现在恐怕已经没有多少人还会记得一部叫做《世界奇案的最后线索》的电影了，但在20世纪的80年代，这部电影却在中国掀起过一股寻访"北京人"头盖骨化石下落、关注史前考古的热潮。1941年，在抗日战争的硝烟中，堪称国宝的"北京人"化石神秘消失得无影无踪，之后的半个多世纪里，关于国宝的下落众说纷纭，总是一而再、再而三地引起各界的激动和猜测，不仅仅是"圈子内"的专家学者为之日思夜想，也不仅仅是国家领导人为之颇费思量，就连普通的老百姓也都在茶余饭后津津乐道……

几十万年前先民留下的零星遗物，之所以如此吸引人们的关注，除了它们本身具有的历史学、人类学和生物学的价值之外，更重要的，是因为它们代表着我们的祖先、代表着我们的根。毕竟，我们是谁，我们从何处来、又将到何处去，是哲学上的一个永恒命题。

中国人的根在周口店、在元谋，那么，我们岭南人的根呢，它又在哪里？

峒中岩：广东古人类"始祖地"

岭南人的根在哪里？看到这个问题，或许很多人都会脱口而出："曲江狮子岩啊，在那里发现了12万年前的'马坝人'头盖骨，是广东最早的古人类化石……"

能回答出韶关曲江"马坝人"的朋友，肯定都是初中历史学得比较好的。但是到了现在，这个答案还准确吗？

还是跟我到封开的峒中岩走一趟吧！

峒中岩在离封开县城约60公里的河儿口镇黄口山。洞口离地面很高，有10多米，这样看来，以前的"上古洪荒"还真不是说着玩的。有些人细心地发现，这个洞口是东北向的。在这一带地方，类似的岩洞还有不少，而峒中岩以及后期好几个有古人类遗迹的山洞，洞口大多都是偏北的，也不知道在10多万年前，这样的选址有没有什么讲究。

"封开人"头像

峒中岩出土的古人类牙齿化石

就在这个岩洞里，人们先后找到了两枚和"马坝人"属同一时期的人牙化石。根据铀系法测定，共存动物群的年代距今约为14.8万年。峒中岩人类牙齿化石的发现，为在粤西地区寻找早期人类遗址的学者提供了重要线索，并且将广东人类历史推前至14万年，比韶关曲江"马坝人"还早2万年呢。

峒中岩的两枚人牙化石，分别是在1978年和1989年发现的，而"马坝人"遗物早在1958年就被发掘出来了，随即写入了历史课本——而我们的习惯是，一旦写进书里的东西，就很少有人再去改动它。

罗沙岩：磨制石器始出现

之所以专门介绍大家来到罗沙岩，是因为这里有一块石头。

什么石头那么了不起？是女娲补天剩下的五彩石吗？还是大荒山无稽崖青埂峰下的通灵玉？是羊脂、翡翠，还是田黄？

都不是。

它只是一块普普通通的石头——一块当地河流中很常见的砾石，一块磨得很圆滑的砾石。但也别小看了这块石头，这可是5万年前的古人磨出来的啊。

"人猿相揖别，只几个石头磨过，小儿时节。"前面提到的那些初中历史学

罗沙岩遗址出土的人牙化石和石器，填补了广东地区距今2万至10万年间史前文化的空白，其系列性和典型性在岭南地区是最完整和罕见的。

得很好的朋友就会记得，磨制石器的出现，意味着人类进入了新石器时代，离学会用火、离走出那阴冷的洞穴就不远了。

还是让我们来看看这块石头吧。想当年，不知道多少双毛茸茸的粗糙的大手磨过它，拿着它，可以去投掷跑得很快的小野兽，可以去敲开蚌壳和兽骨，甚至还可以得意洋洋地向同伴炫耀，换来一众钦羡的目光……至于"断竹、续竹，飞土、逐肉"，那则是很多年以后的事了。

于是，一名艺术家诞生了，正如同莱斯利·怀特曾指出的那样：在其他因素保持不变的情况下，工具效能不断提高时，文化便逐渐向前发展了。

黄岩洞：岭南母系氏族的摇篮

> 最起初　只有那一轮山月
> 和极冷极暗记忆里的洞穴……

在黄岩洞的出口处，望着洞口外的天空，我脑海里突然浮现出席慕容的那首《历史博物馆》，或许是因为外面的阳光太猛烈，一刹那间我混淆了白天和黑夜、时间和空间。

古人已成化石，古人的生活永远沉积洞中，而古人开创的历史却长流不息。我的思维在远古和现代之间切换，走出洞口，便情不自禁地仰望天空。这时，我觉得黄岩洞也在仰望天空。

黄岩洞口前为坡地，背后山岳横亘，是块隐蔽的"风水宝地"。

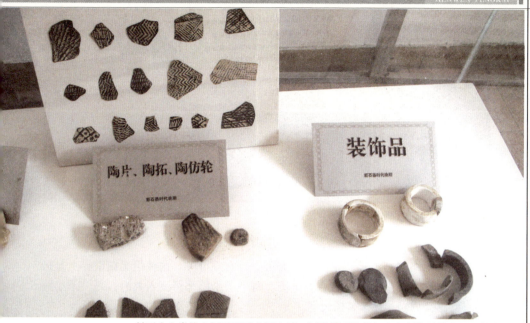

陶片、陶拓、陶仿轮
新石器时代晚期

装饰品
新石器时代晚期

封开古人类从穴居迁到了山冈生活，还掌握了捻线织布和制作精美陶器的技术。

　　黄岩洞位于河儿口镇一座狮子状石灰岩孤峰的西南麓，故又名"狮子岩"。在漫长的历史岁月中，黄岩洞张开着一个巨大的洞口，默默地等待着。它有无数深藏的秘密，等待人们去发现；它有无声的千言万语，等待人们去破译。终于，20世纪60年代初，人们在黄岩洞发现了距今约1.2万年被称为"封开人"的两个晚期智人头骨化石和近千件石器，还相继在附近的峒中岩、罗沙岩、白石岩、塘角嘴、猛虎头山、利羊墩等地发掘出14万年前至3000年前的多个古人牙齿、头骨化石和30多种动物化石以及大量的旧石器、新石器与青铜器时代的各种工具、武器。这不仅把岭南人类历史推前至14万年之前，而且完整地反映出人类从原始社会、奴隶社会到封建社会的整个发展过程。从14万年前的原始时代一直到今天，在黄岩洞及附近一带狭小的土地上，人类的活动从未中断过，而

黄岩洞古人生活场景

距今约1.2万年的"封开人"头颅化石

旧石器时代、新石器时代出土文物，是古人类生产、生活的工具。

且历史延续的脉络清晰，环环相扣，有据可查，有迹可考。这种情况在世界上是极其难得的，堪称人类发展史上的一大奇迹。每一条小溪都将流入大海，每一条小路都可通向世界，黄岩洞终于名扬天下。

黄岩洞是旧石器时代晚期向新石器时代过渡的典型洞穴遗址，是岭南母系氏族的摇篮。也许是古人类选择了黄岩洞，也许是黄岩洞选择了古人类，黄岩洞与古人类共同谱写下历史的篇章。黄岩洞洞口向南，洞室宽敞，冬暖夏凉，宜人居住。洞口距山脚平地约15米，是一面陡峭的石崖。要攀上这一石崖，对于有手有脚的人类来说，并非难事，但对于凶猛的野兽来说就不是一件容易的事了。这种易守难攻的地形，是那时人类生存的理想场所。洞的前面是一片平坦的开阔地，七星河水在不远处蜿蜒流过。40多年来，考古工作者对黄岩洞进行了几次大规模的发掘，出土了上千件石器和大量的动物化石，反映了远古时期岭南乃至华南地区的生活面貌。可以想象，在漫长的远古时代，黄岩洞一带长期保持着温和的气候，雨水充沛，草木茂盛，生存着各种大大小小的肉食和草食动物，形成了一个良好的自然生态环境，为古人类的诞生和进化创造了条件。

然而，古人类并没有满足于这样的安乐窝。黄岩洞口像一个喇叭形的望远镜，可以俯视原野，可以远眺青山，可以仰望苍穹。那茫茫的天地，轮转的日月，闪烁的群星，飘忽的云雾风雨，猛烈的电闪雷鸣，那日夜更替，四季寒暑，草木枯荣，无不吸引着古人类去思索、去幻想、去追求。走出洞穴，飞上蓝天，这一定是古人类的梦想。

也许是到了猛兽再也不能威胁人类生存的时候了，古人类终于搬出了洞穴，居住于山冈，居住于水边，有了房屋，有了车船，有了远距离的文化交流，从而揭开了人类发展史上崭新的一页。20世纪80~90年代，考古工作者陆续在黄岩洞周围和封开县内其他一些地方发现新石器时代的30多个山冈遗址，出土了距今约4000年的陶纺轮、陶拍和石环、石镯等，这时候的封开古人类从穴居迁到山冈生活了，还掌握了捻线织布和制作精美陶器的技术，已懂得爱美。1988年在杏花、南丰等地清理的20多座青铜器时代的墓葬中，出土了青铜斧、钺、鼎和石器工具、兵器以及云雷纹、米字纹的陶器等。其中有祭祀用的十多件大石铲，这些大石铲与广西左江、郁江两岸和南海西樵山出土的同型，说明在夏商时期封开古人类便与广西和珠江三角洲有密切的文化交往。在杏花猛虎头山古墓出土的陶器花纹很精美，有仿商周的文化特点，中原文化的影响也渗透进来了。在南丰镇利羊墩古墓出土的青铜器、铁器、玉器和原始瓷等，呈现出明显的地方文化特点，而同时期桂东北、湘南、粤北等地同类文物又与其有某些共通之处，这表明封开一带在周秦时期便是长江、西江与珠江流域经济文化交往的主要通道。"封开人"创造了岭南灿烂的古文明，对岭南地区的开发作出了卓越的贡献。

黄岩探古
邬梦兆

黄帝轩辕不算老，
岩中智人比他早；
探索万年前辈事，
古洞为今献瑰宝。

罗髻岩：万年前有场盛宴

早些年有个广告让我印象深刻：一条小巷子里，各家各户的妈妈都探出头来，用不同的方言叫自己的孩子回家吃饭，但孩子们玩得兴起，谁都顾不上搭理；只有一个妈妈不声不响地揭开饭锅，米饭的香味一下子就把孩子们都吸引回来了，孩子们的笑容，那真叫灿烂。

罗髻岩

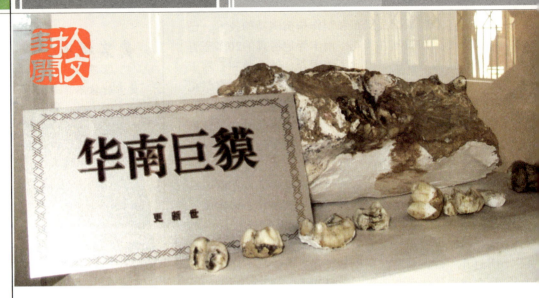

　　食色，性也，不管时代怎么变迁、社会怎么发展、科技怎么进步，千万年来，评价幸福的指标当中都肯定会有一项亘古不变的内容，那就是吃饱和吃好。而原始社会的人们，他们吃的又是些什么呢？如果有人对这个问题感兴趣的话，我们可以看一看距今1.1万年莲都镇罗髻岩遗址中的老祖先们的餐桌上的食物是什么。

　　跟峒中岩遗址相比，10多万年之后住在罗髻岩中的古人们已经学会了用火，泥层中出现了灰化盖板。而且他们所处的环境已经变得更加炎热潮湿，一些大型的动物，比如东方剑齿象、中国犀、华南巨貘、亚洲象都已经灭绝或者迁徙，在罗髻岩的灰褐色堆积中，考古队员们找到了猕猴、无颈鬃豪猪、黑鼠、黑熊、果子狸、野猪、鹿、麂等多种动物的骨骼和牙齿化石。除了吃野味烧烤大餐之外，先祖们偶尔也会找些螺和蚌来调剂胃口。他们能够娴熟地拿起手里的石器，准确地敲掉田螺的尾巴，然后优雅地放到嘴边，轻轻一吸——跟我们现在没什么两样。

西汉时期的广东图，《中国历史地图册·广东分册》收录，图上标注的"广信"就是现在的广东省封开县。

岭南政令从这里发出

"广信令印"见证昔日繁荣

1953年，在湖南长沙子弹库清理了一座汉武帝时期的墓葬，出土的随葬品有铜镜、铜带钩、铁刀和陶鼎、陶熏炉，此外，还有陶五铢钱。最为重要的是，在墓室中部发现了一枚滑石质的印章，印面近方形，背有环形钮耳，印面阴刻"广信令印"四字，隶体，刻字草率，应当是一件随葬的冥器。真正的关防大印当然不可能用滑石做，而且卸任时也必须要交接，所以这个印章应该是墓主人死后他的家人为他刻的，以便证明他的荣光，让他在另一个世界也能够行使曾经有过的权力。因为汉武帝是在元鼎六年（前111年）才设置了广信县，到后元二年（前87年）武帝归西，其间总共才是24年，所以这位原籍长沙的墓主人很有可能就是广信县的第一任县令。据《汉书·百官公卿传》记载：万户以上为令，减

1953年长沙子弹库23号汉墓出土一枚"冥印"，印文是"广信令印"。汉初广信称"令"，可知是一个万户以上的大县。

"广信"得名于汉武帝"初开粤地宜广布恩信"的旨意。

万户为长。汉初广信称"令",由此可知是一个万户以上的大县。

"广信"得名于汉武帝"初开粤地宜广布恩信"的旨意,其治所就设在今天封开县城江口一带。因为实力问题,汉代立国之初,对边陲地区采取了和平的安抚政策,保持了秦朝将领赵佗统治下的南越对中央政权的名义上的臣服。赵佗死后,公元前111年,南越王赵德建联合东越(在今福建省境内)发动叛乱,汉武帝派伏波将军路博德、楼船将军杨仆率师迎击。此时,汉王朝经过数十年休养生息,国力渐盛,叛乱很快被平定下来。汉武帝重新将南越地区划分为南海、苍梧、郁林、合浦、交趾、九真、日南、儋耳、珠崖九个郡。秦代开始在岭南建立的郡县制,到汉武帝时才真正稳定下来。

中央政府的棋一步接着一步走。为进一步加强对地方的控制,汉武帝元封五年(前106年),在郡县之上增设一层监察机关,把全国分为13部,部的主管官员刺史每年秋天巡行郡县,以"六条问事"的职权监督郡县长官。负责监察岭南九郡的监察机构设在苍梧郡的广信县,称为"交趾部"。到东汉时期,刺史的权力已不限于"六条问事",公元203年,汉献帝把刺史部正式改为"州",从而把地方行政机构分为州、郡、县三级,交趾部改为"交州",州治仍设于广信县。

名垂千古的赤壁之战后,孙权腾出手来,派部将步骘在士燮的协助下,杀掉了刘表任命的苍梧太守吴巨,公元217年,步骘把交州州治从广信迁往番禺,岭南地区的政治中心才逐渐向东转移。

《地形图》凸显封开地位

汉武帝为什么把岭南的首府设在封开？这得从一幅全世界最早的地图说起。

1972年，长沙马王堆汉墓的出土，在考古界来说是一件里程碑式的大事件。除了一具时隔2000多年仍完好不腐的西汉女尸以及1000多件随葬文物外，引起人们特别关注的，还有两幅地图——汉初长沙国南部的《驻军图》和《地形图》。它们是到目前为止发现的世界上最早的地图，其精密程度和测绘水平令人叹为观止。公元2世纪埃及人托斯密《地理学》一书所绘地图号称"世界最早"，相比《驻军图》和《地形图》仍晚了300余年，其内容的实用性和准确性也逊色得多。其中《地形图》的全图分为主区和邻区两部分，主区归西汉统治，标上8个县和70个村的名称，画得非常精细；邻区归赵佗的南越国管辖，画得非常粗略，属示意图，与主区不成比例，且一概不标名，仅在今天贺江流域地带醒目地标上了"封中"二字。

关于"封中"的含义，有好几种说法，其中比较合理的是陈乃良先生的解释："封中"跟"蜀中"、"汉中"等一样，是指一个地区，可以理解为封水上下左右，即今天贺江流域一带。

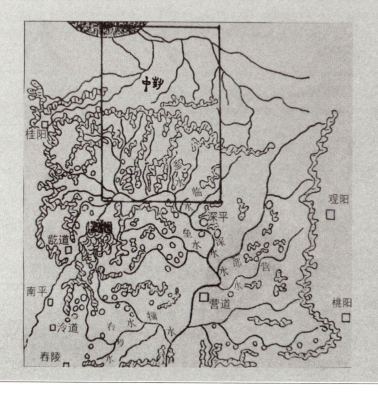

1973年，长沙马王堆三号汉墓出土了两幅地图——汉初长沙国南部《驻军图》和《地形图》，图中方框为封中附近。

《地形图》如此突出"封中"这个地名，是因为这里极其重要的战略位置。大家都知道，"五岭"是隔断中原与岭南的一道天然屏障，正是靠着这道屏障，赵佗才得以跟中央政权抗衡多年。但是，在高程2000米以上的都庞岭和高程1700米以上的萌渚岭之间，有南岭山脉中一条最大的山间谷地，在这片比较平缓的峡

广信驿站

谷走廊地带，潇水和"封水"可以凭借一段短而不陡的山路连接起来，形成一条很重要的南北交通线。秦始皇时期在广西富川县古城和湖南道县双屋凉亭之间筑一条170公里的石路，把贺江和潇水从干流处连接起来，成为当时"一条最有利的南北运输大道"，其线路是：沿汉水南下至洞庭湖，溯湘水而至永州，再溯潇水至道县，然后向西经岭口道入富川，沿贺江而下广信，再沿西江至广州。控制了贺江，就等于卡住了岭南岭北的咽喉，所以，《地形图》才如此重视贺江流域一带，等平定岭南以后，汉朝就先在地处漓江、贺江、西江交汇之口，扼水陆要冲的封开一带设置了广信郡。

广府文化发祥地

现在，"广府文化"这个词已经广为人知，但却很少人知道"广府"这个词的由来。其实，"广府民系"就是指岭南人在广信作为岭南首府时期所形成的一个分支。

岭南三大民系——广府民系、福佬民系、客家民系，虽同属岭南汉族居民，但也有不同的文化特征。福佬民系与福建东南沿海古瓯越（闽越）族有较直接的文化渊源关系，客家民系是较晚从中原移入定居于岭南的移民后裔，广府民系居民则较多是古南越族自秦以后最早实现汉化的古岭南人的后裔。

以往一般认为，广府民系是形成于宋明年间的珠玑巷阶段，广府人也多数视珠玑巷为祖上开基的圣地。而实际上，越来越多的研究结果表明，珠玑巷移民传说的真实性是有疑问的，一些学者认为，珠玑巷传说是明代社会动乱后珠江三角洲居民应对编户齐民的策略；一些学者则指出，这是少数民族融入汉族、取得汉族身份的策略；还有一些学者则认为，这是原广州府勤王义民应对入元以后编户

齐民的策略。但不管怎么说，珠玑巷开基的，仅是广府民系后来融入的一部分，否则，无以解释在南宋之前，活跃于两广、操白话（粤语及粤语子方言）的粤人属于哪个民系。综合政治影响、文化交流、粤语起源等因素，不难看出，汉族与越族的融合从汉武帝平定南越置广信郡时就已经开始了，并且，这种融合在其后广信作为岭南首府的370多年间不断加深，而广府民系则是在"越汉杂处"走向"越汉融合"中得以形成，广信时期正是广府民系"汉化定型"而凝聚产生的重要历史阶段。

"唐代荔枝也是经过西江运到北方去的。可以说，今天的广府文化，就是从西江流域开始的。"中国现代文化学会副会长王杰教授说。

杨池古村的老人满是皱纹的脸上刻满了沧桑，却透出简单的幸福。

旗袍美女从古香古色的杏花十二座中走出。

广信余韵

汉代广信府所在地设置在现封川古城内。封川是当时广信的最高行政首府，府署设在城中央，从正门的西门入城，经过青石板铺设的鼓楼洞街面，穿过层层正堂墙照就是广信府署了。广信府设在城岗中央一带，中轴线面对西江岸上的金钱山，山因形似元宝盘踞而得名。金钱，谐音"金蟾"，是权力和富贵的象征，从风水易学上将广信府署设在这里一条中轴线上是有一定道理的，直到现在有些老人仍把广信府与南汉故事付于笑谈间。

关于广信的物证，在封开还有不少。封开县从杏花镇斑石脚下流入渔涝河再注入贺江的那条河，至今还叫"广信河"，其出口处有座桥，叫"广信桥"。这座桥20世纪50年代尚存，如今虽毁，但河床上还残留着桥墩石。当地还收集到宋代和明代的大铁钟各一只，铭文都铸有"封川县归仁乡广信里"字样（其中宋代的大钟已上调到北京展出），可见"广信"之名在当地广为留存。

大铁钟铭文铸有"封川县归仁乡广信里"字样，可见广信之名在当地广为留存。

海陆丝绸之路对接点标志碑坐落在封开县城西江、贺江交汇处的古广信码头。

"岭南第一塔"广信塔屹立于西江与贺江交汇处，既具中国古典建筑美，又有西域佛教建筑艺术美。

广信塔雕花

广信塔：岭南第一塔

气势恢宏的广信塔，在封开县城西江与贺江交汇处的犀牛头山冈瑰丽耸立，把一座古老的、文化发达的、现代化的县城衬托得俊雅多姿和神秘诱人。

这座俏丽灵动的广信塔占地面积1800平方米，是集亭台楼阁的建筑体，采用宫殿式和城楼式台基，对称中轴线布局。高低、层次、广狭等建筑手法，使广信塔呈现多端的风貌。其设计理念取自汉时流行高观楼阁的习惯；其建筑特点是在唐宋风格上继承和发展，主体为楼阁式，融入景观台、凉亭、回廊相结合的建筑体系。多功能综合使用，是广信塔建筑独特之处。全塔具有中国古典建筑美，又有西域佛教建筑艺术和中国传统的高层楼阁建筑艺术色彩，独创了古今结合的典型的艺术形象，是岭南同类建筑中最具标志性的综合艺术建筑。

关于原塔的来历，有一个动人的传说：东汉末年，周游四海的牟子回广信县写成佛教学说《理惑论》后，在儒家和道家中产生较大的影响，吴国孙权于公元229年称帝后，翌年召牟子进京（今江苏南京）。由于久去未返，广信百姓为祝福保佑他平安归来，特在西江与贺江交汇处筑一木塔，取名为"牟子寺"，供僧徒和人们礼拜。

民间流传有这样一个故事：广信特大洪灾，船家渔女终日不见相依为命的父亲打鱼归来，于是冒雨跪拜塔前，虔诚祈求父亲平安回归。次日果真雨停，父亲回到城外，就迫不及待地来到塔前，感谢"浮屠生善"的应验。

粤语的源头是封开雅言

粤语差点成为国家通用语

粤语，英文为Cantonese，2008年正式被联合国定义为语言，并且认定为日常生活中主要运用的五种语言之一（Leading Languages in daily use），仅次于中国的官方语言普通话（Mandarin Chinese）。联合国教科文组织的网页，把各个国家的语言都列出了，在"China"栏目内，排第一的是"Mandarin"，排第二的就是"Cantonese"了。

国人对于粤语的感情可以说是相当的复杂。

唐朝时，柳宗元把柳州一带叫做"重译之地"；在五祖面前，惠能这个小沙弥的话虽然不用翻译，但一口古怪的乡音还是让他脱不了"鸠獠"的身份，差点被扫地出门；清朝末年，康有为、梁启超和孙中山操着一口令人难懂的粤语，四处推销他们的"异端学说"，一时间，四海云水翻腾，五洲风雷激荡。到了中华民国的首届议会，有人提议以粤语为国家语言，当时粤籍的议员刚刚好过半数，要通过这个法案似乎不成问题，但是作为临时大总统的孙中山先生为了顾全大局，尽力游说粤籍议员放弃以粤语作为国家通用语，终于北京话以一票之差压倒粤语。

改革开放以后，粤语随着经济的大潮席卷全国，有人以会唱一曲字正腔圆的粤语歌为荣，但也有人依然不屑，广东腔的普通话更是经常在荧屏和生活中被再三调侃，甚至于在前些年还搞得要"保卫粤语"。

粤语要不要保卫？

粤语又是从哪里来的呢？

封开迎春曲艺晚会

孩童爬上老树，老树依然透着悠然的绿意。

我国古代的"普通话"

粤语就起源于今天封开这一带。

在秦朝之前，居住于岭南地区的是百越族人，他们之间是以土著语言交流的，而北方地区则使用"雅言"。最早把雅言带进岭南的，就是秦朝征服百越之地后从各地征召的原六国的逃亡者，以及赘婿、贾人等"垦卒"。

汉武帝平定岭南之前，这个时候还没有出现粤语。当时岭南一带是一个"汉越杂处"的局面，当地的越族甚至还处于比较高势能的位置上，不单单是名义上的南越王赵佗"越化"得相当可以，就连汉朝天子的使臣陆贾来到这个地头，也只是虚张声势，其实手心里悄悄捏着一把汗，哪里顾得上挑剔这地方说的是什么话，这里土著的越语再难懂，也只得听着。

等到灭掉南越国之后（当时汉武帝正东巡至左邑桐乡，听到这个消息后喜形于色，便把所在地名改为"闻喜"），汉朝大军乘势平定夜郎，扫荡东越，将整个东南沿海乃至西南边陲一并置于囊中，这时候，中央王朝才开始着意经营岭南，把监察岭南九郡的交趾刺史部设于西江中部的苍梧郡治广信，花大力气对这

37

老人们的竹斗笠，遮阳又挡雨，出门找街坊聊天随手就拎起一顶。

片地方进行统治和改造。东汉在岭南设置交州，州治也在广信。之后直到三国的370多年间，广信一直作为岭南的首府所在地，而这段时间，也是广府民系汉化定型的最重要阶段，粤语就是在这个时候成型的。其间，中原人民陆续南迁。由于古广信原始农业经济发展，人民在这一带地方安居乐业。中原移民逐渐在广信地区取得了统治地位，作为文明程度较高的征服者，其语言也就成为优势语言，雅言于是在这一带流传开来，逐渐成为各方的"普通话"。

听到"南蛮"也摇头晃脑地学起雅言来，想必朝廷里的人都颇有成就感，虽然还带有百越口音，但毕竟已经无伤大"雅"，就让他慢慢改吧。多民族在这里不断交汇融合而创造出一种富有活力的语言——粤语。

语言不但是人们交往的工具，更加是文化的积淀与传承，与中原文化一脉相承的粤语，充分印证了岭南文化兼容并蓄的最大特性。而粤语在广信地区诞生，除了其具有政治意义外，还因为它有着极其重要的商贸意义。

古雅言，"活化石"

　　"雅言"的讲法最早出现于《论语》，孔夫子诗书执礼都用雅言，由于孔夫子大力推行，逐步成为民族的标准语，即最早的普通话。雅言传入岭南也是因为有陈钦、陈元、士燮等一批专家学者，以及一批办学传授经学的经学家。传授经学必须要用到孔夫子所推崇的雅言，所以雅言就是通过办学逐步以广信为基地普及开来。

　　汉代的末年，中原战乱频繁，朝代更迭，游牧民族的统治令到北方语言发生了很大的变化，而得山川之利的岭南地区相对来说比较稳定，这样亦促进了雅言在南方得以保存，颇有点"礼失而求诸野，乐失而求诸郊"的味道。所以，到了唐代，就有诗人咏道："北人避胡多在南，南人至今能晋语。"

　　至今粤语还原汁原味地保留着古代的"平上去入"四声，从粤语中能准确地领会到古代的仄声。什么是平仄呢？平仄就是平声是平，上、去、入都是仄声。现在的普通话少了仄声，用粤语朗读古诗词就能体会到平仄韵律。举个例子，"千山鸟飞绝，万径人踪灭。孤舟蓑笠翁，独钓寒江雪。"这首诗是柳宗元写的，它的韵尾全部是入声，现在用普通话来念，就念不出入声的味道。入声在现代一些南方方言，比如粤语、吴语、闽南语中仍完整地保存着，它的特点是读音短促，一发即收，上面古诗中"绝"和"灭"，用标准的普通话读是"jué"、"miè"，读音是有些尾巴的，但用粤语来读就一发即收，"绝"、"灭"干净利落。又比如杜甫的一首五言律诗："国破山河在，城春草木深。感时花溅泪，恨

村童与老树

封开宣言（节选）

华夏文明，炎黄始创。

秦扫六合，底定东南。任嚣赵佗，和辑百越，为中原文化与百越文化全面交融之初，乃岭海各大民系之底色。汉武帝平南越，设立广信，使之成为统领南方九郡的交趾刺史部的治所，长达近400年之久，广府民系及广府文化由此发源、形成并得名，广信（今封开、梧州）亦成为最早的广府首府，岭南古都。而后三国，吴以广信为志，跨今粤桂二省建州，名曰广州。及至两宋，更以广信为界，以东为广南东路，以西为广南西路，从而形成日后广东、广西之分的格局。经珠江文化学者从1996年迄今凡15年的考察研究，论定古代广府首府为广信，即今封开，中古及近代广府首府则在梧州、肇庆、广州间推移，现当代则定位于广州。而广府民系与广府文化自古至今日益发展，生生不息，主要分布区域遍布两广，构成大圆之地貌，均以封开为圆心和原点，北承长江黄河，南下海上丝路，西连八桂，东接南粤，都定位不移。

（2011年8月9日封开"广府首府论坛"发布）

别鸟惊心。烽火连三月，家书抵万金。白头搔更短，浑欲不胜簪。"朗读此诗，粤语比普通话更押韵。因为，"深"、"心"、"金"、"簪"这四字粤语音同韵，而普通话现代语音中却不同韵。另外，"家书抵万金"的"抵"字，操粤语的人一读已知是"值得"之意，但北方人一般不理解。这是因为粤语保留了部分中古音与古词汇。

封川话中保持着古汉语的浊塞音，有很多例子，譬如往时过年过节办喜事，香港话经常说"大吉利事"，但是封川话就不同了，封川话则说"大'侧'利事"，"侧"跟"吉"由浊化清。另外我们正常说"金木水火土"，封川话就说"'针'木水火土"，"金"是平音的，已经清化了，"针"是音调飙高的，浊化很多的，没现在声音那么清，汉语的演变都是由浊化清。上面几个字就是封川话保留古汉语发音的最好例子。

馆藏文物见证岭南历史

石锛：先民开山种粮的工具

　　封开，这个广信故县所在之地，从史前、先秦到之后历朝历代的文物在这里都可以找到。所以，这里的文博工作者也特别地忙，尤其是听说哪里有土建项目要开工，一般都要提前过去叮嘱工地方面的人员：要是挖到东西，千万别乱动，拜托先跟我们说一声；要是碰上不认识的，我们还可以免费给你们上课、讲故事。

　　话说当年在杏花镇蒈秧岗修水库挖出一块石头时，连干活的老农都乐了：这

封川古城处处藏古，有关专家学者在研究封川古城城头古碑。

双肩大石铲

大石铲原是农业工具，在桂南有大量发现，广东以封开发现最多，在杏花、罗董、渔涝、金装、江口和封川等地发现了10件。

家伙不用什么专家来教我们都知道，不就是个锛头嘛，跟我们现在手头上拿的锄头简直一个样。

老农们猜得一点都没错，只不过他们说不出具体时代而已。这件六七千年前新石器时期的石锛做工相当精细，整个造型偏锋、弧刃、弓背，十分符合力学原理。也就在这个替秧岗水库附近，人们还找到了几个夹杂着大量炭化稻壳的陶器，说明那时候封开的农耕文化已经发展到一个很高的水平了。

正是这些简陋的器物，养活了广信一带的众多人口，据西汉元始二年（公元2年）统计，苍梧郡是当时岭南人口密度最大的一个郡。农业的发展和人口的繁衍，为支撑起近400年的岭南首府提供了最根本的条件。

发现石锛、稻壳的地方，都是一些有丰富的水源、四周围绕着山冈丘陵的盆地（当地人称之为"垌"）。想当年，老祖先们在垌中岩以及黄岩洞中战战兢兢所祈求的，不过是如何让自己在明天不会被饿死或者是被什么叫不出名字的野兽吃掉。等到学会了用火、学会了种地，他们便兴高采烈地搬到了这样近水的山冈上，不再为了果腹而去跟凶猛的老虎豺狼拼个你死我活。当他们的子孙越来越多，一些人开始迁徙到了土壤肥沃、交通便利的江河旁边。而当更加新奇的物品、更加丰厚的利润在远方召唤时，人们则迈出了远征的步伐……

陶鼎足

很少有人知道，埋在地下千年的陶器也是会"说话"的。

千年陶拍会"说话"

　　这件像饭瓢一样的、小孩手掌一般大小的新石器时期的夹砂陶器，专家给它起了个名字，叫做"陶拍"。这个陶拍有个柄，扁扁的，很厚实。虽说在地底下埋了好几千年，外表磨损了很多，但还是依稀可见正反面分别有不同式样的菱格纹，两侧有两道平行线纹。很多像我一样的外行人起初看到这件东西时，都很是纳闷：这玩意是陶器，易碎，显然不能像石器一样拿来砍、削或者砸；它四面光滑，而且两面有纹，也不像是容器之类实用生活器具的碎片；要说是装饰品或者祭器，它又过于简陋而且没有孔……它究竟是拿来干什么的呢？

　　见我实在想不明白，专家才告诉我它的来历：原来古人在做陶瓮、罐一类的器物时，一般都会在表面刻画一些花纹。一条一条地刻，显然费时费力，于是他们就做了这样一个模具，直接在还没干的土坯上一片一片地压出菱格形的花纹来。

　　很少有人知道，埋在地下千年的陶器也是会"说话"的——表面上的花纹就是它们的语言。在新石器时代，人们还只会印上绳纹或者简单几何形花纹；西周晚期到战国早期，勾连云纹和夔纹成了最流行的纹饰；到了战国中期，社会的审美趣味又有了变化，器身拍印的重方格对角线由繁变简，由密变疏，成了"回"字形的对角线；而出现"米"字形纹或简化"米"字纹（＊），那则是战国晚期的事情了。

　　就好像文学从易卦爻词发展到四言、五言直到七言诗歌一样，与先秦的简单纹样所不同的是，在西汉早期的陶器上，已经出现了30多个符号或陶纹。　件陶器多数只刻一个符号，如"Y"、"T"、"Λ"、"N"、"小"、"X"、"∏"等，但也有两三个联纹的，如"｜△"、"北"、"小小"、"三｜"等。有的符号像一把刀。

　　听懂了陶片的语言，或许很多人就不会再傻乎乎地捧着件高价钱淘来的"宝贝"，激动万分地走进鉴宝节目里，然后被专家们喷上一句："这哪是西周的？这是上周的！"

陶罐

封开古玉琮：天地人和之美

在封开发现的这个玉琮兼具天公之美和人工之美，广东省博物馆将它收入了《贞石之语——先秦玉器精品展图集》。

当人们还只会刀耕火种的时候，对于自然还是抱着一种朴素的敬畏、感激和崇拜。他们承认自己的渺小和无知，不敢冒犯神明的领域；他们遵循万物生长的规律去生产，不敢放纵自己的欲望；他们用土地上的收获以及自己认为是最神圣的物品来祭奠天地神灵和祖先，不敢有丝毫怠慢——玉琮就是这样的一种礼器。

就如同樱花崇拜是大和文化的重要内核一样，玉文化是我们中华文化的基石之一。玉石的质地坚硬、触感温润、色泽纯净、声音悦耳，几千年来一直受人喜爱。古人认为玉能通神，将它视为权力和祥瑞的象征，而后来更提出"君子比德于玉"，将玉器作为德行操守的象征，来隐喻我们整个中华民族的集体潜意识的内在性格。《考工记》里说的"琮形八角"，就是根据"天圆地方"的观念仿照大地的形状制作出来的造型。

《周礼·春官·大宗伯》记载："以玉作六器，以礼天地四方：以苍璧礼天，以黄琮礼地，以青圭礼东方，以赤璋礼南方，以白琥礼西方，以玄璜礼北方。"由于古人认为玉琮能够沟通神灵，部族里只有最有权力和威望的人才能够持有它，所以在紧急时候它也能够作为调兵符来使用。

玉石镯

这个玉琮是在杏花镇禄美村出土的。直径4.2厘米，高7.4厘米，灰白色。长方柱体，内圆外方，中间有对穿钻孔，孔壁打磨得非常光滑。器表每面以横槽分成3截，中间又以竖槽一分为二。每个转角装饰有两组半简化神人面纹。由于它兼具天公之美和人工之美，广东省博物馆将它收入了《贞石之语——先秦玉器精品展图集》。

汉以后就不再制作玉琮了，从宋代到明、清，虽然也有一些仿品，却多数都明显圆滑有余而古意不足，玉琮也逐渐退去了身上原先那圈神圣的光环，最终沦为文人案头的一件清玩。从这个小小的玉琮上，折射出了古人的世界观。相比起来，现代人的工具更为先进、力量更为强大，我们在更为自信的同时也变得更加无所顾忌，人们在杀死上帝的同时又扮演了上帝，任意地改变山川河流，甚至于对世间万物也随意地生杀予夺。古希腊历史学家希罗多德曾经说过："所有的傲慢自大终将收获饱含泪水的苦果，神将因为人的过分傲慢让人付出沉重的代价。"如果将其中的"神"改成"自然"，那么，这句话在2500年后的今天仍然值得我们深思和警醒。

南粤青铜剑

在古人眼里，南丰镇利羊墩应该是一块风水宝地，在这里发掘出的从战国到汉、唐、明、清的古墓有55座，密密麻麻，重重叠叠。墓葬里的大批鼎、戈、剑、矛、钺、斧、带钩和玦、环，显示出墓主人的显赫身份。这把青铜剑刚出土时，搞建筑的民工们争相把玩，还有人别出心裁地拿了块砖头来试剑，只见一块上好的红砖应声而断。幸亏考古人员及时赶到，才制止了一场灾难性的狂欢。

这把剑长约51厘米，按青铜的质地和当时的技术来说，也算是很先进的了。当然也有做得更长的，但那种做法几乎酿成一场惨剧并且险些改变整个中国的历史——公元前227年秋天的一个早上，燕人荆轲在咸阳的一个大殿里追得秦王到处乱跑，而秦王拔不出他的那把太长的宝剑，差一点就丧命于荆轲手下。

无论是做武器还是做农具，青铜都远不如铁，直到西汉初期，铁还是中原王朝借以控制岭

青铜剑、戈、戟、斧，显示出墓主人的显赫身份。

45

南的一种战略物资，西汉高后四年（前184年），中原断绝了对岭南的铁器供给，好不容易才被名臣陆贾拉拢过来的赵佗马上宣布独立，引发了一场旷日持久的血战，一直打得汉军三年不曾"解甲弛弩"。

在利羊墩还找到了汉代的马铃。那时候的马可比现在的宝马轿车值钱多了，差不多相当于装甲车，要知道，魏晋时期的多少名流，都还只是坐着辆牛车而已。

青铜双锅灶：北风南来徐徐香

在20世纪90年代煤气灶刚刚普及的时候，很多小青年告别单身生活的一个明显标志就是把单头炉换成了双头炉。那么，看到这张汉代青铜双锅灶的照片时，你一定会认为：这是当时哪个大户人家日常使用的吧？

这个猜测也对，也不对。

说它对，是因为这件器物确实是大户人家才能拥有的；说它不对，是因为这套锅灶只是个模型，它长差不多30厘米，宽约15厘米，高只有7厘米，更确切地说，它只是一件做得很逼真的陪葬品。灶面上开了两个锅孔，近门一孔小，直径7厘米，近烟窗一孔大，直径12.5厘米。大锅上的铸范痕和小锅上的假圈足十分清晰，可见做这个东西还是花了不少工夫的。中国人讲究"事死者，如事生"，现在也还是这样，如今老旧巷陌中的香烛店里，连盖着"冥都交警大队"印章的A牌驾驶证都有得卖，只不过所有的冥器都一律换成了纸糊的，不会再像过去那样下大本钱老老实实地去做一个百年不化的东西，"慎终追远"的传统也大大打了一个折扣。

一些农村直到现在也还在沿用这种锅和灶结合的形制：前面的小锅煮饭做菜，柴火的余温可以加热后面大锅里的水或粥，热能得以充分利用。要说鼎这个

三足带柄铜釜

双锅铜灶

东西摆在庙堂上确实气派，但居家过日子，还是锅来得实在。

我们还可以看到，这么深的锅，只能够煮，而不能够炒。在六朝以前基本的烹饪方法和现在的欧洲差不多，直到宋朝才有炒菜。肉要煮好以后再调味，而调味主要靠酱，所以现在日本韩国酱这么重要。有人统计过，在先秦时期酱的做法就已经有1200种。孔子有句非常有名的话："食不厌精，脍不厌细。"上半句我们都很熟了，下半句则讲，肉要切得薄才好吃。为什么呢？因为肉要蘸酱才能入味。古代有很多动物做成的酱，比如蚂蚁、虫、鱼、青蛙等，现在我们已经不能接受了。

访古旅途上的寂寞身影

在封开访古的路上，我们一次次地听到两个普通人的名字，也一次次地被他们的坚持所感动。

一位是陈乃良老先生。陈老先生1932年出生于香港，抗战胜利后就读于广州培正中学。在广州解放后的第二个月，17岁的他怀着对革命的激情来到这个粤西的山区小县。到封开还不到两个月，他们同来的四名同学中就有两位英勇牺牲，而他自己也多次出生入死。在这片洒下同学和战友鲜血的土地上，他一干就是30多年，踏遍了封开的山山水水的同时，也孜孜不倦地钻研与

陈乃良老先生在接受中央电视台记者采访时在解说西汉封中（实指贺江流域）地图。

封开有关的史书典籍。他调回广州后，仍然对这片土地魂牵梦绕，查阅了无数与岭南文化史有关的资料，撰写了《封中史话》、《贺江访古探胜》等一大批有分量、有价值的文章和书籍，为后学研究广信的历史文化打下了良好的基础。

还有一位名字叫莫仲良，他是封开县杏花镇铺门村的一个农民。杏花一带，古人类生活遗留下来的石器、陶器和青铜器的残片俯首皆是，莫仲良从小就对这些在旁人看来不起眼的"烂古董"产生浓厚的兴趣。1980年他高中毕业后，就开始了令他每天都如醉如痴的业余考古生涯。在这一带已发掘的各种遗迹、遗址有120余处，其中大多数都是由他首先发现的。这20多年，除了插田收割，莫仲良几

农闲就背上考古袋去行山考古调查的莫仲良。

乎将全部的精力都投入到业余考古中来，不管是隆冬还是酷夏，刮风还是下雨，从早到晚都带着自备的干粮和望远镜、罗盘等奔波在附近的大小山头上，寻寻觅觅，最远的一次竟然走到了几十公里以外的邻县德庆官圩镇。在寻找文物的路途中莫仲良不知道被荆棘挂破了多少件衣服，磨破了多少双布鞋，手上、脚上更是伤痕累累。由于在山上寻找文物时眼睛需要特别专注，明察秋毫，因此有时就顾及不了脚底下，难免出点安全问题。莫仲良自己也说不清楚多少次从陡坎和崩岗摔下，扭伤了筋骨，然后独自一瘸一拐地回家。有一年的冬至，他与当时的封开县博物馆馆长陈楚源一起到白马山上搞文物调查，快要回家时突然下了一场大雨，两人没法回家，只好在荒山野岭淋了一夜。

据不完全统计，20多年来他为封开县博物馆搜集了2000多件新石器时代的印纹陶片、石镞、石环、石矛、石凿及青铜时代的铜矛，汉代的铜陶钵、陶碗，隋代的束腰六耳罐等，占到这一时期封开博物馆馆藏文物的60%左右。惊动广东省考古界的4000年前的古旱稻，也是莫仲良在一场大雨后于古广信河边发掘出来的。此外，他还先后发现了下营村长岗顶南朝陶窑址、禄美村对面山新石器晚期遗址、罗沙岗墓葬等，找到了目前封开仅有的一个古石琮。而最让他自豪的是1985年6月13日对乌骚岭墓葬群的发现。当时，他来到这座山冈的时候，隐约看见被几千年风雨冲刷过的地表上有四方形的红烧土，而且不止一个。他细心拨开草丛，仔细一数，整整55个！他惊呆了，随之而来的是无比的兴奋，他意识到这是一个重要的考古发现。他当晚就提笔给封开县博物馆写信，又自己出资请了照相馆的师傅上山拍摄了遗址的照片。后来，专家们在不足150平方米的山脊位置上，清理出分布密集、排列有序的二次墓坑111座，类似的情形在广东还是首次发现，墓葬群的年代经测试为距今3900～4600年，向人们展示了一幅罕见的古人类墓葬画卷。当乌骚岭古墓葬群这一考古发现向全国公布时，整个考古界震动了，也成为当时新闻媒体的报道热点。

莫仲良发财的机会很多，他发现了不少有价值的文物，甚至是无价之宝，可他甘愿清贫，将文物献给国家，从没有向国家申领过一分钱补助，哪怕因考古摔伤住院花销的1万多元人民币医药费，也是自己解决。封开县博物馆原馆长陈楚源说，莫仲良发现了大大小小几千件文物，稍微有点私心，他早就发达了。

在北人的博雅论坛上，有对莫仲良的一片赞誉。

古都封开

汉武帝开疆拓土，深感岭南来之不易，也守之不易，于是提出「初开粤地宜广布恩信」。从此之后，岭南大地出现一片繁华，城楼、村落如同明月珍珠般镶嵌在西江、贺江两岸，人马喧嚣声自远古传来，几经沉浮，几许回荡，在我们的耳边动情地重复诉说着昨天的故事。

古建筑背后的故事

封川古城：历史的记忆

斑驳的城砖，风化剥离的红褐色砂岩，苍老的古树，封川古城沐浴着历史的风雨走到现在，你依然可以感受到它初建时的恢宏气势。抚摸城砖，可以想象得出曾经的市井繁华；紧贴城墙，遥远的钟鼓余韵震荡耳膜；登楼远眺，驿道的蹄声扬起了历史的尘烟。这里是封川古城，一个把时光凝固了的古城。

又见岭南首府

古城的存在，使封开的历史更见厚重。封川古城从唐代就有，可谓经历了沧海桑田，我们现在看见的封川古城墙，是明正统十四年（1449年）修筑的。周长1000余米的城郭呈长方形，城墙为青砖砌筑，墙厚数米，高约9米。城砖特制，每块砖上都印有文字，或为"封川县造"，或为"封川军造"、"封川城砖"。试试看，您能找到几种?

封川古城在唐代以前就有，可谓经历了沧海桑田，我们现在看见的封川古城墙，是明代的建筑。

古城背倚北山，面临西江，构成一个"回"字形城堡。古时候，城之南门曰"长靖"，城之东北门为"遵化"，城之西门叫"镇宇"。在东北及南门上分别建"镇北楼"和"巩南楼"。如今只看见南城门呈拱圆形，用红褐色砂岩石块砌成。门之上原嵌有"古封州"石匾。

封川古城风化剥离的红褐色砂岩城门

城上修筑有串楼、角楼、敌楼、望楼、串屋、更铺等200余间，此外城内还设有县署、教谕署、训导署、典史署、城守署、武庙、城隍庙、万寿宫、常平仓、监狱等。可是随着时光的流逝和岁月的变迁，"现代化"大潮不可逆转地改变着封川古城面貌。

封川人说封川话，专家说，封川话是"粤语活化石"。古封川处于旧时整个岭南地区的中心，只要你静下心来，就能听到城砖隙缝里的古粤语余音，听到和谐年代市井的喧哗。

封川古城墙砖块，上刻"封川县城砖"字样。

老街商铺，繁华落尽

由于邕江、贺江、西江三江交汇于此，封川古城从而成为古代"海上丝绸之路"最有代表性的中转站。

清朝初年，封川进入发展的鼎盛时期，成为两广的重要商贸集散地。码头装卸不绝，每日行舟300多艘，一片繁忙。"这个繁荣的小镇，天天都是墟期，每天早上，码头停靠着100多艘船，把盐、农副产品从广东运到广西。"80岁的明树清是封川镇食品站老站长。据他回忆，民国时期，水道上只有排筏、木帆船，不少人都以装卸为生。"由于水运价格低廉，无论是普通人出门还是商家运货，首选的都是走水路。从广西运来木材、土产，又从广州运回盐糖……"老人回忆起昔日的时光，依然流露出无限向往：梦里依稀的古城映像，深深小巷的童年记忆，如烟而去的瓦砾残影……

封川古城曾是两广的重要商贸集散地，古广信码头充当着水上交通枢纽的角色。

　　封川城外有一条古街，600多米长，街道宽3~4米，全部用花岗岩石条铺垫，一直通向码头。在这条清代修建的商业旺街上，如今仍然保留着20多幢清代中期至民国时期的商铺。

　　走在古街，那狭窄的石板巷，随处可见的老商号、古作坊，都在向世人展示着曾经拥有的辉煌。无论如何你都能读出历史的厚重悠远和民风的朴实无华。年久失修的老屋，依然坚挺地站立着，只是饱经风雨的洗刷之后，笑容欠奉。

镶嵌在封川古城墙上的新"封州"石匾。

封川城内的原住居民依然过着平静的生活，午后的消闲，通常是聚在古城墙下轻言细语。

品味古城悠闲时光

封川古城具有古镇和古村所散发的魅力，那种古朴韵味更能够深深地打动人心。这里没有热闹的车马喧嚣，没有耀眼的五彩霓虹，有的只是岁月的刻痕、千百年累积下来的深厚文化。走进古城，如同走进了一幅幅传统的乡土画卷。"村舍外，古城旁，杖藜徐步转斜阳。殷勤昨夜三更雨，又得浮生一日凉。"

封川城内的原住居民依然在村里平静地生活。时不时可以看到肩挑手扛的壮汉或拿条长凳坐在阳光下打盹的老人，每家屋前屋后种着几棵黄皮树，暗黄的果实点缀着古村的青瓦灰墙。在这里行走，我们不必追逐景点，只需静静欣赏它沉寂的美。老人家三三两两聚着聊天，他们说的内容我不得而知，但这闲散的画面能让人觉得旷达，平生心事一笑了之。

如今，你看不见当年的状元街，也寻不到当年的庙会。居民屋檐上的花草虫鱼的浮雕已被岁月侵蚀得斑痕累累，但还隐约地看出昔日艳丽的色彩、逼真的形象、精致的雕工。门楼无一例外地饰以精美的雕塑，气韵灵活，体现出豪华和富贵，表达了封开人的美好愿望。

或许是时尚引导，现代都市人不约而同地将怀旧的触角伸到"历史的冰箱"，于是封川古城内30多处康乾盛世时期保存下来的古街、古井、古码头、古民居、古集市这些"养在深闺人未识"的古迹也一夜之间走俏起来。

春风从南吹到北，斜阳从东转到西，无论世事如何变迁，人情如何冷热，在这里都只是说不尽、道不完的超脱与悠闲。

开建古城：贺江第一城

当年的开建古城

在封开县南丰镇有一座古城，史称"开建古城"。这是一座具有千年历史的文化名城，被誉为"贺江第一城"。走进城门，便是走进一段斑驳的历史。

古老的城垣经过岁月的冲刷，一些建筑已毁于兵燹或随着城市的发展而湮没于高楼大厦之下，但是也有一些建筑历经磨难依然顽强地屹立着。厚厚的城砖依然记忆着梁朝的繁华时代。

1000多年前，古老的封水（今日的"贺江"）吸引着百姓人家开基拓业，岁月静好，现世安稳，这里成为了南静郡治之地，取名为"开建"。这是一个依江而建的古城，背倚北雁山，有着悠远的历史。明朝初年，为防御外族侵扰，始建城墙，明洪武元年（1368年）时为土城，成化六年（1470年）改为砖城。以后各代进行过共10次的补修和修葺，更新城楼。从明、清到民国，该城一直为开建县治所在地。

绿草如歌，城门也生动了起来。

远古人类为了防御外敌侵扰，在聚落四周掘堑挖壕，随之形成的带状高地，使人们受到修筑墙垣的启示。城壕的产生则可视为最初夯筑城垣时就地取土的结果。壕内积水而成池、成河，成了难以逾越的一道防线，"唯城围民，唯池围城"，"池"是"城"的屏障，故常以"护城河"称。而贺江和龙吟河成了开建天然的"护城河"。

古城有门三个：南门"迎恩"，西门"开江"，北门"镇边"。令人进而想到德政惠民，国运隆昌。可惜，"迎恩"难再，"镇边"唯镇。历史回到1962年，开建县城化为南丰镇，城楼只保留下来南门继续让人沉思，西门苍凉地守望贺江，还有那一小段城墙围系着这个往日的"贺江上的秦淮城"。

开建古城历经磨难，依然顽强地屹立着。从明、清到民国，该城一直为开建县治所在地。

城内的街道、商店和民居都保持着传统的布局与风貌。整座古城透出一派古朴的气息。

繁盛不让秦淮城

　　2002年3月，南丰镇贺江河床发现了近百件铁刀、铁剑、铁斧、铁矛以及石器、铜钱等，古物斑驳，苍凝锈蚀，在一片清幽古光中，我们仿佛看到载满士兵的秦汉战船一路往南疾驰。

　　血与火在历史长河中缄默，古城原貌在历史尘埃中销声匿迹。唯独建设路、龙湾街、官渡头依然风雨不改地挺立着，古朴、庄严、壮美、辉煌。穿越城墙古街小巷，端庄的骑楼、光滑透出凉意的青砖，让人仿佛回到那千百年前熙熙攘攘的满口"开建话"的烟雨岭南古城。

　　城内的街道、商店和民居都保持着传统的布局。街道呈"十"字形，商铺沿街而建。铺面结实高大，檐下绘有彩画，房梁上刻有彩雕，古色古香。铺面后的居民宅全是青砖灰瓦的四合院，轴线明确，左右对称。整座古城呈现出一派古朴的风貌。

　　古城，也是一种古老的骄傲。当一缕夕阳从西边山梁慢慢滑落，古城就被抹上了一层亮丽而金黄的色彩，城门若有所思地深深沉默着，烟霞中城隍庙扑朔迷离。江水静流，轻轻地拍打沙岸。几只飞鸟从江面掠过，一切是那么宁静而闲适。

商铺沿街而建，呈骑楼状，不受风雨之侵。

有着400多年历史的泰新桥是广东现存的最古老的廊桥，是我国古代桥梁中的精品之作。

泰新桥：广东最古老的廊桥

　　泰新桥，它位于平岗古街的东面200米处，坐落在松风入韵的崇山下、竹影摇曳的民宅前，是一座富有广东民族特色的三进廊桥。此地"古木参苍宇，清溪绕绿田；桥横农舍近，翠竹伴炊烟"。

　　广东境内现存廊桥不多，以建于明代为早。封开泰新桥，修建于明嘉靖十二年（1533年），清嘉庆年间重建，为3孔梁柱式廊桥，桥上为3间歇顶桥屋，桥墩为4列16根方形短石柱，桥墩、屋架和桥栏部分保持了唐宋时期木结构梁柱古制，实属难得，是广东现存的最古老的廊桥。1989年广东省政府公布为省级文物保护单位。

　　"明嘉靖十二年邑人陈时用等募缘修建，长十余丈，阔一丈，上覆以亭。"历经276年的风风雨雨后，清嘉庆十六年（1811年）重建，变成了现在的木石结构。清朝李斗在《工段营造录》里说："通往来者走廊，容徘徊者步廊，入竹者竹

泰新桥上抬梁雕梁画栋，装饰古朴而隽永。

廊，近水者水廊。"泰新桥综合了上述功能，在广东是绝无仅有的，堪称南粤古桥奇范。

岭南桥梁中，廊桥也称"风雨桥"、"屋桥"，以梁桥或拱桥上建有廊屋、亭阁得称。修建廊桥，除了方便行人过往避雨歇脚之外，还有其他原因。一是加重桥身重量，以增强桥墩经受洪水冲击的抗力。二是为挡雨防腐。三还有美化桥梁外观的作用，园林中的桥梁有的因此采用廊桥。

桥头有楹联，一头写着"廊桥三进挑风雨，石柱四排定乾坤"；另一头刻有"泉流咫尺琴鸣玉，桥历经年风入松"。上桥欣赏潺缓流水，其声铿锵如琴韵，犹如古曲的奏鸣。桥上抬梁刻有卷云纹图案，驼峰两侧有"鱼跃龙门"、"双狮戏球"、"丹凤朝阳"、"麒麟献瑞"的精美木雕，游人到来，可免受日晒雨淋，且又得闲情逸致，欣赏桥上桥外如画的风景，忘却疲劳。有虔诚者，还可以在桥悬挂"中流砥柱"古匾的坛位上膜拜，人生如脊梁，心桥如此桥。

泰新桥更主要的作用是通行。1945年8月，抗日战争结束时，驻防缅甸、越南的抗日军队，在夏威的带领下，数万兵马从广西苍梧入境，经泰新桥出西江下广州，留下趣话。

泰新桥上觅知音

在乾隆年间，当地的陈公没有儿子，只有女儿，因此郁郁寡欢。一天夜里，陈公在桥上和乡亲聊天，忽然妻子抱着哇哇啼哭的女儿过来，说是女儿不知道何故哭个不停，让陈公打理。说也奇怪，女儿立刻就不哭了。可是抱离泰新桥，女儿又哇哇地哭了。陈公见女儿离不开桥，就把她留在桥上睡。陈公怕蚊子叮咬，便小心看护，一觉醒来，孩子不但没有被蚊叮，还精神十足，陈公笑呵呵地对妻子说："桥上无蚊，女儿睡得香呢，就让她在桥上过夜吧！"

女孩子长到十几岁，姿容无双，聪颖绝伦，经常一个人呆在桥上，品笛吹笙。有一天夜里，女孩在月光下赏月，倚着桥栏吹起笙来。夜静声寂，悠扬的曲调随风传到松河壑。这时似是有一阵袅袅的仙乐在和着女孩的笙曲。女孩仔细一听，似是流水的玉鸣琴，又似远处的风入松之声。一连几夜都是如此。女孩趁闲着的机会，沿着水流的方向去寻访根源。一直寻到石峡深处，找到了隐居青年。女孩见他举止潇洒、风度翩翩，心里十分高兴，两人吹共唱，引来了青龙彩凤，落在桥前，两人便乘龙跨凤，徐徐地向深山飞去。有诗曰："有桥横卧如横琴，流泉激石弹清音。我携焦尾写真调，一曲未终风满林。"

泰新桥的悠闲时光

乡贤祠牌坊：道德的高度

　　乡贤祠牌坊由清代侯姓家族为纪念明代清官侯夷庚而建，距今有300多年历史。该牌坊也是迄今为止封开县内发现的唯一完整保留下来的古牌坊。

　　明万历二十七年（1599年）的拔贡生侯夷庚任广西容县知县期间，不仅清正廉洁，而且遭遇荒年时，"捐资廉俸，归家卖田，多方赈济，救助灾民数万人"，深受辖区内百姓拥戴。晚年辞官回家后仍热心于公益事业，成为高尚道德的楷模，被朝廷许为"乡贤"，获得公祭。

　　乡贤祠坐落在封开县南丰镇侯村金宝山麓，共分为三进：前进为牌坊，中进为门廊，后进是宽敞的厅堂。围绕中后进两旁，还有花厅镶边。整座乡贤祠显得高大宽阔，庄严肃穆。

　　牌坊由八根石柱承托，三层双肩式，由木质调制莲花托交接而成玲珑奇巧的牌楼，三层楼牌结构严密，造型美观，浑然一体，巧夺天工。中间高耸的一层楼牌尤其显得气宇轩昂。牌楼三层天面用白黄绿相间的琉璃瓦盖成，四面廊檐如鸟翼翘起，瓦翼雕琢着许多花鸟鱼虫，工艺十分精细，画面栩栩如生。

　　牌坊内外分别在石柱上刻有一副对联，并在对联的正上方悬挂大型的木雕匾

纪念清官侯夷庚诞辰428周年
暨塑像揭幕典礼。

乡贤牌坊瑞兽石雕，鲤鱼、麒麟、鹿、草龙均带有吉祥的含义。岭南的建房习俗有"画草龙、扫乌烟"，表示不忘从中原迁移来的根本。

额。内侧的联语是："乡非问好皇恩赐；贤有真修世泽垂。"把"乡贤"二字以鹤顶格嵌入对联中。其上面匾额刻有"光前裕后"几个笔法苍劲的大字。

清廉，既是一种道德观念，也是一种价值尺度。1985年乡贤祠牌坊被公布为县级文物保护单位。2000年，封开县政府对乡贤祠进行了维修。

乡贤祠牌坊是封开县内发现的唯一完整保留下来的古牌坊，为纪念明代清官侯应遴而建。

大梁宫，唐风犹存

在广东最美的龙山景区河儿口镇上，有一座目前广东省唯一保存的唐代建筑大梁宫。大梁宫始建于唐大中年间，集石、砖、瓦、木结构于一体，至今犹见浓重唐风。大梁宫大殿是岭南地区年代较早且保存完整的厅堂梁架结构建筑，其平面柱网用加柱造，较为罕见。心间面宽尺度达6.97米，为岭南殿堂、厅堂建筑之冠，是岭南古建筑瑰宝之一。

挑一个晴朗的日子，我们前往大梁宫一睹其芳华。沿着山路一个拐弯，眼前豁然开朗，鸟语花香，春意盎然，仿佛《桃花源记》描述的一般。郁郁葱葱的草木前，坐落着一个古香古色的古庙，从墙壁的颜色不难看出年头已经很久了。

推开古铜色的大门，大梁宫大殿就像一个仙风道骨老人，出现在来者眼前。大梁宫已有1100多年历史，虽然很古老，但却给人以温和、智慧之感。宫里干净整洁，门前没有一个莲花池，但四周随处可见莲花石墩。墙上没有一幅画，但歇山顶周围都有木雕木刻。大殿已经没有了拜祭的地方，只是在正北处还挂着一幅神像。这神像不是观音，也不是弥勒佛，是谁呢？

宫中最让人叫绝的还是"四柱不底"。厅堂中有四根大柱子，这柱子乍一看与别的柱子也没什么区别，可是您仔细瞧了，这四根柱子的底面其实是没有压在下面的石头柱墩上的，二者之间尚有近1厘米的距离，用绳子可以从中间划过！宫内的四根柱子其实是悬空的，宫顶的重量完全是由四周的墙壁支撑着！

从时间上推断，最早采用"四柱不底"绝技的应是大梁宫，后来其他地方的建筑也有样学样，那叫徒子徒孙了。

有宫庙就有美丽的传说。相传刻在宫庙墙上的诗是一位穷秀才写的。据悉，大梁宫原是为了纪念"岭南第一状元"莫宣卿高中金榜，他的舅舅兼老师梁明甫带头捐资建成的状元祠，显示了当时尊师重教的良好社会氛围。但是，由于莫氏宗亲家族庞大，把状元祠建在了自己的村里，这里的状元祠便改为纪念梁明甫的大梁宫。这位穷秀才也想高中，没想到还是名落孙山，并爱上了大梁宫村上一位美丽姑娘，两人情投意合，可姑娘嫌贫爱富的父母硬是逼着女儿嫁给了一个有钱有势的50多岁的财主。出嫁那天，秀才站在大梁宫前，拦着花轿阻止姑娘出嫁，却一下被财主打晕。醒来后，他气愤地在大梁宫壁上留下了一首诗，不久也忧郁而亡。

故事自远古流来，流进人们心中。我来到宫庙里，聆听着动人的传说，眼前好像浮现了这对苦命鸳鸯的分离情景，耳边传来一位老人的歌声：

庙宫真畅通，坐下四来风。
大梁有好女，找个好老公。

大梁宫依然保存着唐代建筑风貌。

大造宫，农民运动摇篮

　　大造宫在封开县平凤镇平岗村泰兴街，又名天后宫，始建于唐，宋、元重修，明重建。大造宫原为两进合院式布局，前座及左右两边廊道已毁，现残存门楼、后殿和两侧围墙。

　　走进大造宫，从它历经沧桑的体廓中我们依稀可见唐宋建筑风格。那些色泽深沉、雕工精美的木雕装饰不时提醒着看客它从遥远的年代走过来，灰塑狮子、吐书麒麟、穿花飞凤像卷云纹一样，卷起历史的风尘。

　　自唐代起就有村民在此跪拜品神了，香火延续了一代又一代。当年门前刻有一副对联："雨入花心，自成甘苦；水归器内，各显方圆。"而今，古老的庙宇化作爱国主义教育基地。

　　李炳辉，广州黄花岗七十二烈士之一。他曾在大造宫品神，也曾在这里与恶霸进行抗争；他从这里走向南洋，也在这里孕育着"为国忘家心有家"的精神。

　　1926年1月，广东省农民协会西江办事处派中共中央农民部特派员周全亭，带领周铁琴、唐继烈等人在大造宫点燃农民土地革命火种。

　　1927年1月，封川农民运动进一步高涨，在龙师侯等人主持下，成立了封川二区农民协会和农军大队部，会址就设在大造宫，农会会员2000多人。选举了龙拔汉为委员长、李超如为副委员长，执行委员由陈定林等7人组成，任命龙箫为农民自卫军大队长。

　　隆重的授旗和颁发会员证章仪式在大造宫举行。会员们紧握拳头发出了庄严的宣誓："服从农会命令，遵守农会纪律，按章交纳月费，用户多数决议；不分地方界限，不分姓氏性别，不得借会营私，私斗尤须禁绝；凡属农会会员，务须亲爱团结，万众一心向前，打倒贪官豪劣；帝国主义军阀，专吸农工膏血，农工联合战斗，敌人完全消灭！"会后，队伍从平岗圩行到凤村圩，浩浩荡荡，声势浩大。会员们高呼口号，把封川农民运动推向了高潮……

大造宫始建于唐，自唐代起就有村民在此跪拜品神了，香火延续了一代又一代。这里也是封川农民运动的摇篮。

秋天的杨池古村最让人心动。家家户户门前棚架上、小屋的
房顶上都晒满了油亮亮的柿饼，是一道非常亮丽的风景。

古村落的似水年华

文蒸画蔚古杨池

水漾"岭南第一村"

　　杨池，一个听起来极平凡的名字。它坐落在横亘于罗董、长岗两个镇之间的一条大山脉的山坳中，地属罗董，水归长岗，四面青山，尖峰插云。要到杨池，可从长岗入，也可从罗董入，但不管走哪条路，都是崎岖山路，在从前靠步行肩挑的年代，要从长岗或罗董到达杨池，没有半天一天是绝对不可能的。好在现已铺设水泥公路，还未看够沿途的山色美景，车已在杨池村边停下了。

杨池村就在山间盆地中的一块高地上，形似宝鸭。据叶家族谱记载：明朝末期，先祖叶翰彪南迁至此，逐渐形成这个叶姓古村落。现有50多户人家，300余人。叶翰彪博学多才，对阴阳五行、地理风水学颇有研究，他认为杨池村这只宝鸭要有水才能有生机和灵气。于是他便带领家中大小在村中开挖了一口池塘，塘中种荷养鱼，塘基植杨柳，生出一派杨柳摇曳、鸭欢鱼跃的美丽风光。后人有诗为证："盈盈一池水，杨柳立上头。绿波开屏镜，宝鸭莲中游。"此后，杨柳池塘的简称"杨池"便成为村名了。

乳泉春夏季井水色白如乳，到秋冬季则回复明澈，最奇妙的是井水微微带有乳香。

宝鸭下莲塘。"杨池"之名便是得于这口池塘。

盈泉长年溢满，旱年也如此。

　　流水赋予了杨池古村灵动的气息。杨池一村有四口泉水，人称"四大淑女"。村口右侧山坡的叫"盈泉"，这口井奇就奇在取用之后，井水立刻回复原位；村边的灵珠泉洁亮如珠，据说能治眼疾，村里的老人常用此泉水洗面，眼睛会更明亮，村人劳作归来，也常到此取水洗脸洗手，疲劳顿消；两性泉自田间溢出，长年不涸，冬如温泉，夏如冰泉，一泉两性，故曰"两性泉"；最为奇特的当属乳泉，一泉两井，依山涌出，春夏季井水色白如乳，到秋冬季则回复明澈，掬一口井水细细品尝，微微带有乳香，十分奇妙。

　　秋天的杨池古村最让人心动。每年秋天，山上山下，村前村后，绛红色的沙梨子和金黄色的柿子挂满枝头，家家户户门前棚架上、小屋的房顶上都晒满了油亮亮的柿饼，是一道非常亮丽的风景。此时众多"好摄之友"不远千里从四面八方聚集于此，就为将那一抹秋色捕捉进镜头里。

灵珠泉洁亮如珠，据说能治眼疾，村里的老人常用此泉水洗面，眼睛会更明亮。

杨池有保护完好的古民居60余座，都是方石青砖砌成合院式的清代建筑，值得你驻足细细品味。

老建筑风华

　　走进有380多年历史的杨池古村，就像走进岭南古建筑博物馆。村里有一副楹联令人驻足沉思："善德古今传，一代祖训百代本；雅宅六十间，二分艺力八分天。"杨池有保护完好的古民居60余座，都是方石青砖砌成合院式的清代建筑，座座雕梁画栋，蔚为大观。乡贤居、大夫第等居室和叶氏大宗祠的木雕、灰塑、壁画工艺精湛，极富艺术感染力。木雕图案为山水、草木、神禽等。圆雕、通雕、浮雕和线刻相互渗透，层次分明，加上特有漆彩，显得形象生动。灰塑有瓜果满园、麒麟献瑞、翠鸟翔云、龙脊腾飞等神话传说，玲珑浮突，立体感强，栩栩如生。壁画有《峭峰云松雅居图》、《孔雀鸳鸯白鹤鹊鸟图》、《灵童贺狮寿仙图》和当时社会的世俗生活画面，惟妙惟肖。

叶氏大宗祠前的空场地平坦、宽阔，是孩子们打羽毛球的首选场地。

1802年，程含章署封川事时题區"封门望族"赠赐杨池村祠堂。

叶氏大宗祠是全村的建筑精华，正门两侧的图案为鹿鹤相望，鹿开口而鹤含筹，寓意深刻，富丽堂皇。它初建于清乾隆五十二年（1787年），光绪二十四年（1898年）重修，为三进合院式砖木结构建筑，工艺精湛，无论是精雕细琢的木雕，还是栩栩如生的灰塑与壁画，在岭南民居中都是极为典型的。节日祭祖、村民嫁娶及集体议事都在叶氏大宗祠。民国十年（1921年），因两广军阀混战，时任封川县长的叶仲衡将此作为国民党县党部和县长办公室。1931年，封川县第三区德宁乡国民学校在此办学。叶氏大宗祠内原有两副木雕楹联为证：

一祖褚良公二遗俭德三洛勋封四海文宗昌五世；六懋垂汉相七族衣冠八施授赠九代同堂庆十全。

叶发广德家三芝峥嵘唐突苗标十二；公开封望族一堂衍庆徐舒裔进万千。

乡贤居是全村风水最好的建筑，为两进合院式砖木结构。建筑装饰巧妙地运用了木雕、灰塑、壁画等工艺，技术精湛。此建筑面向笔架，背倚来龙。大门有对联：

传家有道唯忠厚；处世无奇但率真。

　　杨池最引人注目、令人惊叹的莫过于它有一座古代钱庄。杨池钱庄与"中国金融始祖"山西平遥日昌升银铺同一时期。当时，在全国范围内可能仅此两家。钱庄的铺面有两扇厚厚的木门，易关难开，三层砖墙，石柱担梁，固若金汤。钱庄的银库比铺面大，悬山顶结构，推栊大门非常厚实。钱庄和银库的金钱图案镂空木门窗及壁画规整大方，金碧辉煌。杨池钱庄的功能如何，如何运作，对社会经济的影响有多大、多远、多深，我们还知之甚少，但从"北有山西平遥，南有广东杨池"之说来看，显然并不简单，有待你慢慢发现。

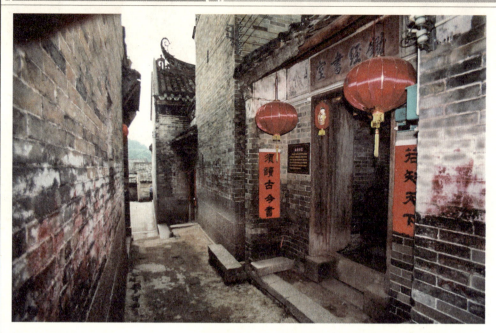

读书是杨池人的光荣传统，这得益于村子里兴学重教的风气。

不辞长作杨池人

重教兴学，精心培养人才是杨池人的光荣传统。杨池自叶翰彪始倡导兴学，呈现出"人文蔚茂，科名鼎盛"的现象。历史上，杨池村先后开办过锄经书室、景公书室、均录书室、晋公书室四个书室和龙塘学社等私塾，培养了大批人才。

锄经书室是最早、至今保存最完整的书室，是叶家第四代人创建，书室名由叶洛川题。景公书室是时任封川县长叶宣甫于民国十六年（1927年）建造，其弟叶同甫题写室名。景公书室门前曾有一副对联："智水仁山，在此堂宇；经神学海，发为文章。"均录书室是叶浦唐建造。晋公书室于1946年由叶晋唐建造，叶干生题写室名。

四个书室其实都是私塾，是杨池村较早的办学场所，是杨池村文人蔚起、重教兴学的见证。杨池村的书室是封开历史上仅有的，是酝酿和弘扬杨池文化的大舞台。

龙塘学社本是村民供奉土地神的"社公"。清同治十三年（1874年），村人在社公前建起学堂，作为村民祭拜社公神和孩子们读书的地方。龙塘学社门楣"谷我士女"四字，取自诗经"父兮生我，母兮谷我"之句，意为"养我育我"之意。龙塘学社曾有两副木雕黑底绿字阴文楹联：

龙脉长兴生圣水，恩施万物；塘源永盛育灵松，福荫群黎。

丽日映梧桐父老扶蔡歌乐岁；春风吹杨柳儿童挝鼓赛新年。

耕读人家

燕喜发财　欢度春节　香满人间

讃来氣来村清

叶焕元老先生祖屋兰桂飘香，是杨池古村受访率最高的地方之一

红线女与马师曾像

杨池书室、学社不仅收本村本姓的孩子,方圆数十里的有钱人家也慕名把孩子送来杨池读书,杨池人也照收不拒。由于这些书室、学社人才辈出,影响很大,事实上,杨池已成为当时区域文化的教育中心。

在不长的三四百年历史中,一个只有数百口人的小村庄涌现出大批政治、经济、军事、教育、文化人才,这不能不说是一个奇迹。据说杨池村在清代曾出过2名进士、9名贡生、27名秀才、12名监生、3名庠生、2名增生、1名拔贡、1名廪生、1名文林郎。清同治十三年(1874年),村中就有6人分别任州、府、县学正、教谕、训导等职。另外还有1人任翰林院待诏、1人任太常博士、1人任知县、12人在国子监(当时全国最高学府)学习。

小小的村落竟然是藏龙卧虎之地,走在村子里,你不时能感受到寻常人家的尚学之风。叶焕元老先生祖屋兰桂飘香,虽为乡间文斋,却吸引着不少人前来,是杨池古村受访率最高的地方之一。叶老先生懂文史、精书法、擅诗词,大有"采菊东篱下"之境界,故人们誉其祖屋为"耕读人家"。据叶老先生介绍,本族人叶仲衡的侄子即现旅居加拿大的叶子修,他的妻子是粤剧艺术家红线女的姐姐,在抗战时期,爱国人士何香凝及红线女、马师曾等名人都在这里生活过。

叶焕元老先生背对着壁上的老照片讲起杨池古村的历史,说者有心,听者有意。

杨池赋

　　封开杨池，从明清，到今时，日出林秀，无边景致。六十余座建筑，参差有序，前伏后起，藏而潜露，巧布玄机。倚丰寿山而迥远，傍仙人峰而神气，贴百威岭而深沉，临华表石而壮丽。得碧溪而自然环抱，挽两镇而拥握腹地，南望长岗横西江，北承罗董连翠微。

　　一圈山水，尽把杨池收篮里。匿山雅园，绝俗世间而超尘；伏野珠玑，腾图岭南而雄奇。得名，接祥光于杨柳，披澄明于清池；得利，纳紫气于祠堂，昭朗照于宅第。高寓于平，大含于细，万物是集，百工是器。绿窗朱户，韵荡古媚。雕龙于顶，烘云托月；画鹤于壁，纷天骇地。栋直梁翘，脊扬檐飞；皓饰华美，灰雕生辉；镂刻玲珑，屋冠端齐。四面门楼，揽民居错落入怀；八方来风，化造物散开心扉。青石径，重重叠叠脚印，因回环而曲折；通幽巷，斑斑驳驳苔痕，因远古而芳菲。仿若园林佳境，翠鸟空啼。闲看农田阡陌，冶艳万分；庭院深深，吐纳乡味。眼前钱庄银库遗址，曾是故墟集散处，俨然商贸小天地。旗杆石夹，遥记科举文教遗风；匾额门楣，沉思当年乡贤浩气。杰观委地，建有书塾四家，匪夷所思。名伶豪杰，寄情此间。硝烟与歌舞相映；叱咤与婉转相怡。真个文采风流，甲于封州，叶氏人脉，不拔之基。

　　景于行，景于情，景于人，景于史。多少烟村荒废了，只因人脉何处是。树无根则枯，水无源则涸，人无魂则死。唯杨池，村以魂存，和谐自适。盘活文化资源，惠及八乡四邻。盛世之喜。

　　到此请君心系柳，一池清水几回味。

西村的流金岁月

莫宣卿诞辰为农历八月十八日，故每年的诞庆，远至香港、澳门，近则湖南、广西的莫氏后裔2万余人携带祭品驾车前来西村拜祀。彼时人流如潮，香火缭绕，鞭炮声从凌晨2点左右持续到傍晚。

我一直信奉"民间风俗，春秋多佳日；乡里情怀，山水有清音"，于是，在纪念莫宣卿诞辰那天，我到了西村，后来也就多次到了。

找寻状元村的文明印迹

古村落是一方水土凝固的记忆，它承载了一方人的生活印迹，身处四方的游子总是会莫名想起古村里某一种特殊符号，惦念着沉甸甸的乡土味，勾起华丽丽的乡愁，不然，你为什么会钟情江浙一带的古村落？不正是因为它激活了你的往日情思？

在肇庆也有大片原汁原味的岭南古村落，喜欢怀旧的广东人不用走太远就能嗅到古朴的村落气息。说它原汁原味，是因为许多村民还安居乐

赋得水怀珠
莫宣卿

长川含媚色，波底孕灵珠。
素魄生蘋末，圆规照水隅。
沦涟冰彩动，荡漾瑞光铺。
迥夜星同贯，清秋岸不枯。
江妃思在掌，海客亦忘躯。
合浦当还日，恩威信已敷。

业于此，时间的轨道未驶偏离，它也从来不为哪个人而停留，却在不知不觉中把泥土的芬芳灌入每一个人的肺腑。这里是封开县河儿口镇的西村。

唐朝中期，西村一带称"长乐"，后根据当时10户为邻、15户为里的划分，长乐又称为"长乐里"。长乐从原址西村对开的石头仔垌（即今渔涝河上游一带）划分村落，把现在的西村划作"西城村"。在唐末莫宣卿中状元后约唐咸通年间，西城村又改称为"西村坊"。宋朝以后简称为"西村"，后来历史几经变迁，县、乡名已变化，只保留"西村"至今。这里是唐宣宗皇帝笔下的"南方远地"，是唐懿宗帝赐字"文德"的家乡。至今遗存的千年城堡、唐宋古井、明朝长乐里牌坊、清朝古居等，无不述说着西村悠久的历史。

纪念莫宣卿诞辰民间活动那天，我到了西村，一种亲近的感觉油然而生：一个村和一个人的一生一样，只有奋斗过，做过有益的事情，才能够铭记在人民的心头。唐状元莫宣卿，时隔1100多年了，西村人不但没有忘记他，还把他的状元风骨很好地传承下来。

莫宣卿去世之后，经上奏朝廷，敕赐唐正奏状元莫宣卿为孝肃公。

莫宣卿诞辰1172周年庆典，莫氏宗亲举行了隆重的祭拜仪式。

西村，是个有神奇色彩的地方，从它的外美到内秀，都会给人留下深刻的印象。村外是国家地质公园的龙山风景名胜区，景色宜人，风光无限，相接村内的牌坊、凉亭、公园、禾场，一派岭南人文画卷。

走近西村，我有超越时空的想象，把传奇趣话、莫氏典故和现实美景链接起来。清《莫灼华家谱》记载，莫宣卿后裔莫缘昶兄弟五人在明英宗天顺五年（1461年）迁至封川文德乡长乐里西村。据传说"莫姓起源出自河北鄚州，从地起名"，由于河南有个郑州，经常会把繁体的"郑"字（鄭）与"鄚"字混淆，莫氏后人便"去其邑成莫"。还将莫氏排行的字编成一首五言诗："如崇伟承业，伦本有真宗。家声大昭著，瑞福益昌隆。任仁付圣道，兴学培豪雄。书香常济美，丰泽贻昆仲。"

莫宣卿排仲字辈，字仲节，他是岭南科举史上第一位状元，也是中华科举史上最年轻的状元。他17岁中状元那年，同科柳进士以诗纪盛："九州难怪人空巷，才子风流正少年。"在唐代被歧视为"南蛮"的岭南，唐武宗规定每科所选进士不得超过7人，而莫宣卿力压群贤，脱颖而出，说明了他甘于刻苦、乐于勤奋，兼有远大抱负，才一举成名。皇帝也封其谥为"孝肃"。

一日之内，百感交集。这天人声鼎沸，热闹非常，连秋绿的稻田都在摆动，千里一色。我也含情脉脉地看着这场景。西村不甘安放岁月的萎靡，久贮着力，借助文明和谐气息的鼓动，显示出惊人的美。这里出现了清波荡漾的水塘，雅致的凉亭在阳光的映照下溢光流彩。这流彩横溢到村里的水泥路面，溢到了祠堂前的晒地，溢到西村的街街巷巷。

我怀着崇敬的心情进入祖殿重光的孝肃状元祠，从少年英俊的状元雕像，可窥见莫宣卿非同一般的性格。从平凡走向辉煌，从普通走向伟大。更妙的是祠内有遗韵的诗联，表达了村民一种神圣的感情，一种人生的理念：凌空恍得青云路，回头悠悠觉自然。

状元林：绿林与梦想

西村可看的东西很多，人文景观迭出，村东远山含黛，野树笼纱，秋风鸟阵，牧笛催归。南眺横生峰峦，绿林参天，千古南山，景色幽美。祠后古屋成片，依山而建，麻石青砖，颇为气派。碧瓦飞檐，朱梁画栋，建筑装饰精湛。近有龙山为伴，远望麒麟山为屏。

与民居贴得很近的，还有一处"状元林"，林木逐年多了起来，慢慢地延伸，占有很大一块的林地，令人惊喜。树叶微微地闪出绿亮，似情深意切地向来人发出友好的请帖。我沿着一路丸石、一路景致宜人的攀藤花卉走

近林木，越近，越有进入圣地般虔诚的心态。

别看植树是中国的一大特色，有着悠久的历史，从《管子·权修》篇就有"一年之计，莫如树谷；十年之计，莫如树木"，但真正能有资格在状元林植树的，只有西村的大学生。

每年，西村把考上大专院校的学生请到园林里，让他们每人种植一棵树，为他们刻上一块石碑，留待飞舞的梦想在乡间抽芽长叶，留待状元种子在心灵花开灿烂。不管"状元"走到哪里，总有土地的绿树与家乡作伴，总有激昂的心弦和天宇对话。

西村以前很穷，但西村人怎样穷都要让子女读书。据统计，西村是河儿口镇、渔涝镇村中出大学生最多的地方。状元遗风自然而然地传承到每一个西村人的身上。

我问村长，为什么提倡种树？他答以"念念不忘教育。激励先进，启迪后进"。也许这就是管子说的"终身之计，莫如树人"。

状元林很有特色，把历史文脉承接为特色文化。司马迁说："名高天下而光烛邻国。"特色文化是村镇发展的灵魂和精髓。西村的发展继承了历史传统和地方特色，有内涵地将民族文化和现代风格结合起来，没有割断。这是西村的景观。

南山有凤鸣，世代出奇英。在西村的目光中，在状元林的期待里，状元文化沉醉在文明和谐之中，成为一个时代的象征。

我透过树丛文影的西村，仿佛有一种惮悟：只要有梦想，行行出状元。

七星北斗汶塘村

"汶"，在南丰方言中，意为从地下渗涌的水。想必这个村与生命之源息息相关。

我走在乡间两边种满农作物的小道上，只见一台推土机在开辟新路。我受到村民的尊重，是村长离开推土机，用摩托车引我进村。他带我看的第一道风景，是村前五亩大的水塘，他说这就是村名的起源，夏秋波光粼粼，冬春水汽弥漫，源源不断，灌溉着全村的几千亩农田。水常年满溢，神奇的塘。

与此媲美的，是近在村居的莲花塘，莲叶相拥，冠盖如伞，莲花朵朵，亭亭玉立。这里的空气清新，莲香阵阵，一滤路途尘嚣。

与莲花塘相辉映的，是13座明清风格的建筑，平地而起，呈"品"字形布局，占地有足球场那么大，尽管有些破损，但我从那威震一方的气势中看出古村曾经辉煌过。我走进最大的一座土佳书室，想满足一下好奇心，只见几个村民嘻嘻哈哈地凑过来要和我聊天。在村里，只要你在村民心目中是个文化人，你就成了受欢迎的"大使"。

村长带来一个爱说村史、满头银发的老者，热心地"指点江山"。书室分三进，第一进门面上头有花鸟人物壁画，以瑶池安乐的八仙图、两旁的花鸟图、孔雀蟠桃图、风骨五老题诗图最为精湛。诗词对联也很有文采，如"万山环拱读书堂，修竹琅玕左右行；自是箕裘縣祖泽，人文今已蔚膠庠"。屋脊上的装饰很有特色，

汶塘古村有至今仍保存完好的硬山顶风火墙式古建筑群——镬耳屋。该古建筑群前后左右十三座，融明末建筑风格和浓郁的西江流域建筑特色一体，亦有传统文化中的"天人合一"思想。

立凤回首，形象逼真，羽毛上书写有"文章华国"，是清代纪晓岚的笔迹。相传是本村侯德丰到杭州巧对纪晓岚而取得的真迹。在装饰书室时，侯德丰又请名家题了"礼仪传家"四字相对，有待游客在屋脊寻觅了。

第二进是村民读书的地方，现作会客、议事的大厅；第三进为"上谷堂"，是村民供奉的场所。书室三进从低至高，间隔两个天井，两侧卧室。"勤耕读，远邪恶"祖训成为这个村的佳话。听村民们说，这个村治安历来都很好。出于好奇，我虚心地请教老者："土佳"何许人，书室从何起？他给我讲了一个神话般的故事。

传说，土佳姓侯，少年时在村前那口水塘钓鱼，傍晚，塘中忽然漂出一朵大如箩筛的莲花，十多条金鲤嬉

汶塘古村开放迎客。

村前五亩大的水塘便是汶塘村名的起源，担负着灌溉全村的几千亩农田重任。

士佳书室

士佳书室是汶塘村侯氏族人在清代乾隆年间为纪念始祖侯士佳而兴建。现今看来有些破损，但它也曾辉煌过。

戏于水面，顿时满塘生辉，映射十里。土佳赶忙回家告知父母，再赶过来时，池塘波平如镜，不见奇事，父母说他是白日做梦。土佳不服气，长日在此守候，再等奇迹出现，一等就等到他做了太学生，等到生下13个儿子，盖下13座大屋……

13座古民居，如同浸染历史尘烟的古装书，建筑风格类似，但传统艺术各有不同，有的简朴，有的堂皇；或青睐于呼应之合，或仰仗冲倚之势，都殊途同归地达到了和谐泰然之境。有用三块青砖砌墙的，有用两块青砖夹红泥土作壁体的，还有用琉璃瓦掩檐的，用壁画、浮雕、灰塑装饰大屋内外的，可谓明清合璧，古村奇葩。这里走出了皇帝"钦赐举人"侯安基、清代南丰富商侯德丰、近代名人侯文威……

不经意间，一座屋顶呈半月亮造型的古宅映入眼帘，甚是奇特，似上弦月悬挂半空，又似犍牛的角犄，翘得像一尊石雕。正疑惑时，一位荷锄的老村民微笑地走了过来，他用一口南丰本土的乡音，诠释着这座古民居的传奇。

他说，封开莫宣卿在京中状元时，皇帝问过莫宣卿家乡的风土人情和生活习俗，故而有了"皇帝吃莨茨"、"蚊子大如蜂"的民间故事。当问到莫宣卿家住的环境时，莫宣卿答道："铜梁铁瓦，五个将军作一卡。"皇帝听后的反应是，太奢华了，一间房用如此上等材料，比皇宫还富丽呢。便下圣旨，你不要在家乡盖太漂亮的房子，有宫中养马的房屋就可以了。莫宣卿欣然遵旨，心想家乡住的比皇宫的马房还差很远呢。因而后人就建造出如此风格的房屋。因为封开没有马，就用牛的犄角做装饰。其实，莫宣卿说的"铜梁"，是指用大箣竹作屋梁，将茅草扎成块铺顶作铁瓦，以五根木柱比作将军撑起的一间屋棚。传说很离奇，也很有味。

福禄寿木雕

士佳的传说

　　侯士佳是汶塘村人的始祖，他自幼勤奋好学、聪颖过人、擅长对对。相传，他在私塾就学时，逢年过节，学生总要恭恭敬敬地给先生送礼（俗称"送节"），但每次都是送三分银子。先生家穷，总想多积攒点银子养家糊口，于是在过中秋节前给学生出了个上联"竹笋出墙，一节须高一节"，意思是暗示学生多送点节礼。士佳马上会意，对道："梅花逊雪，三分只是三分。"士佳是借"梅花逊雪三分白"的诗意，用得巧妙。先生不甘心，又用一上联说明道理："大鱼吃小鱼，小鱼吃虾，虾吃泥，泥干水尽。"士佳低头一想，写出下联，交给先生："朝廷刮州府，州府刮县，县刮民，民穷国危！"意思是说：先生，你有你的难处，我亦有我的难处，大家都穷，没办法。先生看着，不住点头，加节礼的事只得作罢。

　　难怪有人说，这里是南丰神话故事的发祥地，故事真多。故事即是现实，现实宛如故事，它在百姓的心目中占有极重的文化生活分量。

　　此行感觉真好，能听一听百姓的故事。我甚至还有更大的奢望：走遍乡村听故事。故事本来就没有结局，每一个结局都是新的开始。所以，当我离开汶塘古村的时候，村民一再叮嘱我有空再来。美丽的小村，我定会再来。

明城清院杏花村

杏花村，多么美丽的名字！杏花村的古建筑群不仅规模宏大，而且历史文化深厚，远远超出我们的想象。古建筑主要分布于杏花镇政府所在地附近的新屋、岗尾、花厅、大平等杏花村委所辖的若干个村庄：充满雅气的奉政第显示着杏花人的"贵"，气势恢宏的伍家大屋露出了杏花人的"富"，而古朴幽深的伍氏大宗祠则隐藏着杏花人的"根"。

一眼井留住一支军队

杏花村有一口古井，对这口古井，村人有这样一个传说：这里原来是一个水凼。明朝时候，有一支军队从这里经过，此时正是开饭时间，于是便取凼水煮饭。他们发觉这水特别清甜，煮出的饭也特别香。此后，这支军队不管行军到何处，总觉得水不甘，饭不香。后来这支军队干脆折了回来，在此安营扎寨，长期享用这难得的甘泉。传说的可信程度如何？20世纪50~60年代，广东省进行全省水质调查，证实这井的水质是第一流的。真是"古人不余欺也"。现在虽有了自来水，村人煮饭、焗茶还都是用这口井的水。

杏花明朝古城恐怕就是这支军队所筑的营寨了。它坐落在一个略为高起的小山冈上，属明代中后期建筑，呈长方形，长140米，宽55米。现存砖砌城墙高度在1.5~5米，随地形蜿蜒，东北、西北两角略呈圆弧，东南、西南两角为直角。城内民居纵横成列，布局规整，几处排水口现在仍在使用。两口与古城同时期的水井，其中一口紧靠城墙，这可能是考虑紧急情况时取水的需要。

城开东、南两门。南城门为正门，二层砖木结构。门前墙厚达1.55米。拱门和城楼正面

有一次，开建知县坐轿出门，经过南丰酒井桥，巧得很，在桥头遇着侯士佳。士佳正急急忙忙去南丰街买书，不想与知县的轿子在桥头相遇。衙役见士佳这个寒酸少年书生在前面，便大声吆喝要士佳让路。士佳抬头一看，见衙役们狐假虎威的奴才相，心中十分不忿，不想给轿子让路。知县坐在轿上见此情景，便说："你是读书人，我出一上联，你若对得出，我就给你让路。"于是脱口说出上联："穷书生，穿冬衣，持秋扇，逍遥春夏。"士佳一听这上联，心想分明是贬我读书之人，你这贪官又怎知我们读书人的辛酸苦辣？便稍一思索，当即应道："贪知县，生南堂，朝北阙，死要东西。"士佳以东南西北四个方位巧对知县的四个季节，对仗工整，天衣无缝。知县既挨了骂，又无可奈何地给士佳让路。

又有一次，开建县太爷做五十大寿，他想趁机敲诈勒索。穷苦百姓只好忍气吞声准备寿礼。侯士佳知道这件事后，在空红包内悄悄地装入一副对联："大老爷做生，金也要，银也要，铜钱也要，红黑一把抓，不分南北；小百姓该死，禾未熟，麦未熟，玉米未熟，青黄又不接，哪有东西？"祝寿那天，那县官打开红包一看，半晌也没有转过气来。

杏花古城已无驻军，却留下一个动人的传说。

上的两个圆形窗眼使城楼外观呈雄狮状，威武屹立。门前筑有高台，要进城门，需从两侧石阶登上高台才能进入。

北更楼是目前封开县发现年代最早的炮楼建筑。楼高三层，砖木结构，建于城墙边并凸出城墙外，为城堡的制高点。墙体双层砖砌，外层为烧制的青砖，内层为泥砖。青砖防雨水，泥砖韧性好，枪弹难以穿透。楼三面均开数个孔眼，孔眼内宽外窄，便于从里向外瞭望和射击。

明正统以后，西江各地相继出现侗民、瑶民起义，他们攻打官府，给治安造成极大的混乱。嘉靖初年，"官军攻白马麒麟二山贼巢，四年不克，疮痍过半，盗贼益骄"。杏花居民深居城中，有官军保护，故免遭其害。

清代城中已无驻军，城墙年久失修，开始出现崩塌。嘉庆十三年（1808年），城中人口不安，有人认为是因东城门崩裂，风水受损所致，于是大家捐资重修东门。现东城门的风格与南城门略有不同，就是因为修缮的缘故。

一个院落就是一首诗

　　杏花村古建筑群纵贯明、清、民国直到现代，这些建筑无不留下不同时期的历史印迹，从一个侧面反映了社会历史的变迁。明朝古城是明朝政府镇压对立势力，巩固地方统治的历史遗存；伍家大屋是康乾时期社会兴旺，人们生活富足的缩影；奉政第则是民国时期人们渴望和平的良好愿望的反映；公社会堂留下新中国建立后的前30多年的历史印记。这些古建筑令人流连，令人遐想。

　　在伍家大屋，我们看到的是富有，是气派。它位于岗尾村，是由三列四行小合院，外加左右两侧厢房组成的一个五路八进的大院落。每座小合院均为二进、两廊、中间一个小天井。大屋设南北两大门、东西两小门。南大门外还有一口约1000平方米弯月形的水塘。大门侧开，与主体成90°。南大门楼两侧为镬耳式山墙。在"镬耳"的外侧有灰塑神兽图案。这些图案制作精美，历经200多年风吹雨打依然鲜艳美丽。大合院共有4个门，这是根据不同的年运行走不同的方位而特别设计的。施工时，大门和主体建筑的13根大梁同一时辰升起。整个院落统一设计，同时建成，风格一致，布局严谨，气派非凡。因其内部有12座院子，故称"杏花十二座"。

　　杏花十二座房屋连成一体，迷宫一样的布局竟有116个门。据说，庞大院落的主人就是在贺江上经商出身的伍姓人。

　　伍家大屋占地3183平方米，不计算楼层房间也有客厅17间，房子80间。根据建筑风格和族谱记载，伍家大屋建于乾隆年间。建造者是一名富商，他在广西信都、铺门等地经商，经营有方，生意兴隆，赚钱不少，于是回家购地建房。如此规模巨大的清代建筑院落在封开是首屈一指的。

　　在奉政第，我们读到的是古雅，是宁静。它是民国末年开建县县长伍穗新的故居。这是一座砖木结构四进合院式建筑。后花园面积不大，因紧靠山边，依地形自然分为两级，园内原有两棵桂花树，并遍植兰草，间种岭南佳果。现在屋内还保留有旧时主人家写的对联："山色凝丰寿，春光映杏花。"丰寿是大门朝向的远处的一座高山，山顶处有座寺院，名"丰寿寺"，寺中原供有一尊铜佛，故此山又称"铜佛头"。丰寿寺下有一天然石井，水从石缝冒出，终年不竭。民间

相传此井之水能治百病，故称"滴水仙井"，亦为山上一处胜景。奉政第大门的对联写得也十分雅致："小楼今夜听春雨，深巷明朝赏杏花。"

在杏花公社会堂，我们感受到的是激情，是红火。杏花公社会堂紧靠镇府大院，原为一座三进式院落，为民国时期的建筑，20世纪60~70年代，人民公社将其改作公社会堂，面积510平方米。会堂内的舞台是那时的建筑，屋顶的木构架也是那个时代的工艺，墙上的标语口号是那个时代的产物，那时的台凳等物件，现在依然原汁原味地保留着。置身其中，我们仿佛回到了那个"火红"年代。在20世纪60~70年代，每个公社一般都有一座相当规模的会堂，像这样较完好地保留下来的，在封开仅此一座。

一方水土旺一个家族

　　雄伟高大的白马山悄悄伸出一条低矮的小山脉，像蛇一样向一片开阔平地蜿蜒而去，古代风水师命其为"蟒蛇出洞"。杏花村得"出洞蟒蛇"之"龙气"，且背靠白马山这座"太师椅"，世人都说是风水宝地。村南的三口池塘沿着村庄修建，清水微波，树影摇曳，是为"养蛇"之需。

　　据《伍氏族谱》记载，伍氏是明弘治十五年（1502年）从高要新桥塘边村搬迁来的。此前村里居住有梁、吴、马、温、朱等诸姓人家。后来伍姓人口快速增加，成为村中最大的姓氏，其他姓氏的人开始逐步搬离，现在村中只有伍氏一姓。

　　伍氏族人流传着一个"伍鬼运财"的故事。相传伍氏先人在广西信都经营粮油生意，由于诚实、有道，生意十分红火。一天，一群农民各自挑着用竹笠覆盖着的米箩来到店铺，说先放在这儿，过几天再来榨油。谁知这一放就是很久，也没有人再来领取，后经多方寻觅均不见原来主人。伍氏先人丁是揭开竹笠一看，

贺江水道上的贸易孕育出不少有钱的大宗族，从"十二座"出来的伍氏后人现有400多人，多在外地有自己的一片天地。

呀，一箩箩全是白花花的银子。伍氏先人后来得梦，见其祖先，被告知这些财富是先祖们帮助子孙发家致富用的。"伍鬼"即指挑担来的农民，暗指伍家先祖；"运财"亦即运送银两。

清乾隆年间，伍、吴、马三姓氏合族为伍姓，在大平村建起伍氏大宗祠，开基创业。此后，伍氏日见兴旺富有，于是于光绪元年（1875年）重建宗祠，以志盛世。重建后，宗祠为三进两合院式布局，用材讲究，雕刻各种精美图案，工艺精湛，极其优美。

伍氏特别重视读书，专门建造教书育人的蔼然书室。蔼然书室为两层硬山顶仿西洋式回字形建筑。共有书房20间，厅4间。蔼然书室原来是一座大院的南大门右侧的厢房，后来由于人口增多，读书人多了，便在现址新建这座楼上楼下共20间的书室。再后来，读书人数进一步增多，只能让读书成绩好的人在书室，每人一个房间享受这单独清静的读书环境，其他人就集中于伍氏大宗祠里的学堂了。蔼然书室大门前有对联充分反映了伍氏前辈的重教和为人品德：

经史作良田子种孙耕无歉岁；文章传旧业笔花墨雨有丰年。

伍氏后人不乏经商、读书、从政之人，除了部分留在当地之外，广泛分布于广州、台湾等地，还有移居美国、加拿大的。

商贾云集平岗村

平岗村，是黄花岗七十二烈士之一李炳辉的故乡，位于平凤镇东南，因地势而得名，古时属修泰乡，平岗四面环山，小河畅流。

从明代开埠以来，平岗村就是两广三县（广东、广西，封开、郁南、苍梧）

泰兴街历史悠久，是当年商业繁荣的街道，旧时人们常说"赛大理"，可想见当年的兴旺程度。

每年农历三月廿三天后诞，是平岗村最重要、最隆重、最热闹，
也是最能体现民俗风情的节日之一。

的商贸集散地。平岗最大的特点是很多风物都以"泰"字当头，如泰新桥、泰清
泉和泰兴街等。泰，为"平安"之意。

传说1000多年前，客家人与壮、苗和侗族就生根于此，宋朝以后，外来的移
民与当地人家和谐共处，产生了"陈李张冯莫刘黎"七大姓氏，与岭南村落一村
一姓截然不同。

平岗老街是历史悠久、商业繁荣的古街。现仍保留着明清至民国间的前铺后
居式"竹筒屋"100多间。由于地处两广三县，平岗每逢圩市，万众云集，人与物
流量非常大。

平岗圩市设有牛圩、猪圩、三鸟市场和土特产市场，从明代至今繁荣有400余年。

出廊桥南行，"层层水田白鹭飞，深深松木鹧鸪啼"。在田野之上有一平
缓的地方，游人可看见一口古井，现称"泰清泉"，古称"回心井"，因井为四
方，井口用4块麻石条铺垫，形成一个"回"字。泉水从来不满，亦永不干涸，水
质清澈晶莹，被誉为"修泰玉液"。

这井泉的特点是气体较多，张力较大，从前有人在盛满泉水的杯子里平放一
枚硬币，只见杯口液面弧形隆起，而水满不溢。据说，井泉含有人体所需的微量
元素，泡茶酿酒，特香特醇，可以同杭州西湖的虎跑泉媲美。"平凤米酒，誉满

村女挖得回心井

很久很久以前,平岗"半天泻下飞涛吼,玉碎银河冷喷秋",6米余宽的急流,令人们挑水非常不方便。后来有两兄妹便商量要挖一口井。于是两人约定,轮流各挖1米。哥哥仗着自己力气大,挖了1米,看见凤凰岗有一对彩凤栖树,心想让妹先挖着,自己跑去一趟回来再干也不迟,谁知寻找半天也看不到彩凤,便倚着一棵老树守候,不知不觉睡着了,并做了一个梦,梦见凤凰引来仙女下凡,与他搭寮建屋,生活得甜甜蜜蜜。他是否梦想成真?后人不得而知。

而这时候,妹妹一刻不懈地埋头挖井,她一边挖一边等着哥哥回来,一直挖到4米深,泉水渗出了。她很兴奋,便想爬出井告诉哥哥,刚爬到一半,井绳断了,把她跌回井底,她盼呀盼,盼望哥哥回来救自己,可是井水已浸到她的胸部仍不见哥哥的影子。她望着四方井口的天空,暗暗地流下眼泪,她的泪水和井水融在一起,变成一种柔软冰清的液体,井水从此不再涨高。

日落黄昏,又饥又冷的妹妹昏昏欲睡,此时天上飞来一只彩凤把她救了出来。她叩头便拜,感谢天地。彩凤盘旋一圈发出鸣叫声,飞往深山老林去了。她便给井起名"回心井"。后人在此立碑,刻"回心"二字,相传为清朝仅光中所书,可惜碑刻毁于天灾人祸。

天下",这是民间流传的佳话,恐怕与这泉水有莫大的关系。

游人沿级回行,可看到一座牌坊刻着遒劲有力的"泰兴街"三个大字,这是平岗古街,牌坊的对联写着:"上通梧郡,下达都城,地当修泰,中衢踏开富路;左绕崇山,右环石峡,天作平岗,众户大启财门。"显出了古街的地理和经济繁荣的景象。

泰兴街建于明万历神宗年间,古街铺面林立夹道,青砖铺路,宽约6米,长达350米,古街遗存唐宋建筑风格。门檐众多的雕花刻木,其中三座西洋骑楼,日久弥新,形成中西合璧的和谐,俗中见雅。人们说泰兴街是"赛大理",意思是古街兴旺胜云南大理。

古街有"商贾云集,内外通融"的商业文化氛围,将"四方珍奇,皆所集散"的景象展现在游客面前。就"泰兴街"名而论,引用了王符《潜夫论·慎微》的"政教积德,必致安泰之富",寓意平岗人民生活平安兴旺。

据资料记载,清朝之后,这条街有卖古玩的赏古店,有售文房四宝的墨翰斋、卖烟的吐云号、卖茶的一品阁、卖药的百草堂、卖鞋的履祉铺、典当的裕丰行、做银号生意的通裕庄,以及聚富楼、万宝楼、天章阁、芳雅居、永盛店、泰来坊、兰蕙轩、六合行、集锦铺等等字号的商铺店面,五颜六色的茶幡酒旗行业幌子高高悬挂门前。在这里,战火硝烟与百业竞争相映,商贾的饮宴与采女的贩卖相和,繁华景象与商贩悠长的铃声遥相呼应。

名人封开

千万年的光岳萃气，灵秀全在一个「人」字！封开多青川秀水，从这方钟灵毓秀地走出无数高贤名士，汇成了「广信学派」，登上了汉代岭南学术的顶峰。「草莱」状元压全唐，南汉凝铸「一朝皇都」，封开二千年，也是岭南夜空星光璀璨的二千年。

陈氏三世，儒林之英

　　最近几年，多位国学大师相继离去，给人以痛惜震撼之余，再度掀起国学热。但，何为"国学"呢？著名历史学家、古文字学家李学勤说国学"非常广博，非常复杂，可是在国学里面它有一个主流，这个主流是儒学；儒学有一个核心，这个核心是经学"。"岭南经学，实以二陈为始。"（广西籍民族学家徐松石《粤江流域人民史》）陈氏父子开创了岭南经学的先河，是岭南经学的鼻祖，岭南文化的拓荒者和奠基人。

汉代岭南名儒陈钦像

陈元像

　　子陈元承父业亦攻《左传》，成就更高。《左传》写于公元前4世纪，是我国古代著名的历史著作。其语言精炼、生动，对后世影响巨大。陈钦研究《左传》，著《陈氏春秋》，惜已失传。汉成帝时，陈钦向王莽讲授《左传》。王莽察觉《左传》等古籍有利他托古夺权，立于学官。王莽篡位后，陈钦不愿歌功颂德，被封为"厌难将军"驻守北疆。时匈奴单于之弟咸带子入朝，王莽厚加赏赐，留其子为质。咸回塞外抢掠犯边，陈钦报告军情，王莽怒斩咸子。后咸继单于位，王莽为了媾和，不看"恩师"面子，把杀咸子之过诿于陈钦，将陈下狱。陈钦愤而自杀。

　　东汉初年，围绕是否设立《左传》博士掀起论争，争论双方的代表分别是范升和陈元。范升以"《左传》不祖孔子"提出反对，论点是"疑先帝之所疑，信先帝之所信"，"先帝所行而后主必行"。他还搜罗了45条《左传》和《史记》违背五经的"罪状"，欲置《左传》于死地。据《后汉书·陈元传》记载，陈元列举大量历史事实，驳斥范升的陈腐论点，论证了"先帝后帝各有所立，不必相因"的真知灼见。他的论点鲜明，说理透彻，富进取精神，不容辩驳。对范升吓人的45条，陈元概括指出是以自相矛盾的挑剔来掩盖这些历史巨著的弘美。面对有博士头衔的范升，陈元当时只是一个小人物，但他毫不自卑，以大无畏的精神参加论战。辩论了十多次，陈元取得初步胜利，光武帝诏立《左传》，选四博士，陈元居首。但陈元锋芒过露，光武帝为缓和两派矛盾，起用第二位博士李封主讲《左传》。李封死后，左氏之学被废。但陈元热爱和继承古文化的精神，后世史学家仍给予公正评价："时陈元最明《左传》。"陈元代表了当时《左传》研究的最高水平。《左传》和古文经逐渐成为民间私学主流。《广东通志》和《广西通志》"儒林传"都把陈钦父子列首位，给予很高评价："陈元独能以经学振起一时，诚岭海之儒宗也。"盛赞陈元是岭南文化的开拓者和创始人。

封开县城东南约3公里曾有一座汉墓，当地人叫"将军博士墓"，此墓墓主就是汉代大学者陈钦及其子陈元。惜陈钦虽为将军，却不得善终；陈元挂博士头衔，亦是虚设。但陈氏父子对"春秋左传学"的贡献是巨大的，自此之后，岭南的学术活动便开始受到人们的重视，他们的学术思想亦在陈元之子坚卿身上得以继承，屈大均对其祖孙三代在岭南学术文化上的造诣和贡献评价甚高："陈氏盖三世为儒林之英也。"

士燮：学问优博达于政

一门四守，百蛮震服

岭南学者，自陈氏父子之后，当推三国时的士燮。

士燮，少年时游学京都洛阳，拜东汉名士颍川刘子奇为师。古时学科门类不多，人们特别重视历史，企图从中找出治国兴邦的规律，"以史为鉴，可以知盛衰"，所以二陈跟士燮都不约而同地专攻《左氏春秋》。

公元前111年，汉武帝统一南中国后，将岭南分为苍梧、南海、郁林、合浦、交趾、九真、日

三国时期学问优博又达于从政的士燮像

南、儋耳、珠崖九郡，同时设交趾刺史部统辖这九郡。公元前106年，把交趾刺史部从嬴娄（今越南河内西北）移治广信县，并在贺江流域大量设置县治，中原移民不断涌入，广信成为"中原学术文化与外来学术文化交流的重心"（著名史学家罗香林）。

东汉末年，天下大乱，中央对地方的控制力江河日下。由于交州地处偏远，朝廷对它更是鞭长莫及。建安八年（203年），东汉朝廷任命的交州刺史朱符被当地的少数民族杀死。于是，士燮迅速报请朝廷，让他的三个弟弟士壹、士䵵、士武分别担任合浦、九真、南海三个郡的太守。这样一来，一门四太守，就统治地盘而言，士家已占大半个岭南。

学者型地方官

士燮当交趾太守40多年，政绩卓著，"既学问优博，又达于从政"，用现代的话来说，就是既是思想家，又是政治家，或者说是学者型干部。由于交州没有遭到战火的蹂躏，士燮又比较谦虚宽厚，很多中原的士大夫先后携宗族前来投靠。

"处大乱之中，保全一郡，二十余年疆场无事，民不失业，羁旅之徒，皆蒙其庆，虽窦融保河西，曷以加之？"其时虽天下大乱，但士燮没有野心，他竭力维护祖国统一，不趁朝代更迭而闹分裂，不管谁做皇帝，即使"天下丧乱，道路断绝"，他的岁贡仍年年不缺。他的辖区边界安定，在数十年内有"乐土"的美誉，使人民得以安居乐业，他深得人民拥戴，每逢出门时，"车骑满道，胡人夹毂焚烧香者常有数十，震服百蛮，尉他不足逾也"。"尉他"即赵佗。士燮威望之高，已不在昔日南越王赵佗之下。

越南以"士王"为神

交趾刺史部曾设在今越南河内西北部的嬴娄，因此，士燮在越南有着更深远的影响。一些越南史学家亦把士燮当作越南君主，称士燮为"士王"。吴士连视士燮为越南文化始祖："我国通诗书，习礼乐，为文献之邦，自士王始，其功德岂特施于当时，而有以远及后代，岂不盛矣哉！"越南有《四字歌》唱道："三国吴时，士王为牧。教以诗书，熏陶美俗。"

三国时吴黄武五年（226年），士燮病故，终年90岁。越南民间相传在晋朝末年林邑国侵犯交州时，林邑人曾挖掘过士燮的坟墓，见其面色如生，大为惊骇，重新封上其坟墓，并以之为神，立庙事之，号"士王仙"。越南陈朝重兴元年（1285年），朝廷追封为"嘉应大王"；重兴四年（1288年），加"善感"二字；兴隆二十一年（1313年），加"灵武"二字，合起来就是"善感嘉应灵武大王"。

牟子：佛教本土化的引路者

"菩提本无树，明镜亦非台，本来无一物，何处惹尘埃？"对六祖惠能这一偈语，大多游客和信众都能倒背如流，对于六祖的传奇及事迹亦耳熟能详，但对于另一位同样生长在粤地，被后来者誉为"中华弘佛第一人"的牟子，所知者恐怕就不多了。

佛教传入中国的路径，目前还没有一致的结论。近代有学者认为佛教是从合浦、徐闻为海行起点，通过今人所称的"海上丝绸之路"传入中国的。著名史学家罗香林教授更指出："……而扼西江要冲的苍梧，遂成为中原学术文化与外来学术文化交流的重心。现在的封川（即封开）就是汉代苍梧郡治的广信。"当然了，对于佛教这一新生事物要通过水路传入中原，作为当时岭南政治、经济、文化的中心，海陆丝路对接点的广信，自然是其登陆上岸的第一站，当时云集广信的学者名流们，亦会当仁不让地接过这副重担。

牟子，东汉末三国初人，生于公元170年，汉献帝时随母从中原迁到交州，后在广信落籍定居。当时移民学人多从事神仙辟谷之术，探寻长生不老之法，唯牟子精心研究经学。他饱读儒家、道家学说，博览诸子百家之书，年仅26岁时就已经名动一方。其时广信学者云集，名流辐辏，牟子竟由儒、道而佛，被他们视为"叛逆"，骂他为"背五经而向异道"，由此触发了一场激烈的争论。那本闪烁着佛光智慧的《理惑论》便是这场运动的产物。

《理惑论》以宾主问答的形式，巧妙地化解了人们对刚传入的佛教的种种抵触和误解，以儒道两家的学说观点来阐释佛教教义，虽与印度版本的佛教教义相去甚远，但特别适合当时的中国国情，使佛教这一外来宗教中国化，为佛教在中国的生根发展打下了深厚的理论基础。正是牟子，创造性地把中国传统的儒家和道家精华与佛教相结合，创立了中国特色的佛教文化；而且，也正是牟子，最早把

"中国弘佛第一人"牟子像

梵文Buddha（原称"浮屠"）译作"佛"，将佛教这一外来文化的核心词一锤定音。故此，范文澜在《中国通史》中赞他"调和佛道儒，使三派并传"；比丘明在《中国佛学人名辞典》中更评价牟子为"我国著论弘佛第一人"。

在《理惑论》中，"书不必孔丘之言，药不必扁鹊之方。合义者从，愈病者良。君子博取众善以辅其身。"可见牟子的超前意识、务实精神和广阔的胸襟。他没有门派之见，而是集各家之长，理智地、恰当地运用"拿来主义"，创立自己的宗派。所以，在把印度佛教中国化的进程中，牟子是奠基者，是先驱；而完成这一伟大革命的，则是极具开拓精神的六祖惠能。

在"文革"大破"四旧"期间，据说六祖的父母坟曾遭人挖掘，以为以六祖的身份和影响，其父母之坟当埋有不少奇珍异宝，结果挖地三尺只掘得一堆黄土，什么也没有。或许这就是"佛"了——"本来无一物，何处惹尘埃？"

六祖虽说无一物，但尚有灿烂的光环和万代香火，以及流传下来的种种传奇；但牟子，只留一本薄薄的书在世间放着光，甚至连最基本的身世记载都没有——或许这也就是"佛"了——人的一生，从无到有，从有到无，你又要留些什么？还要再争些什么？

商女苏娥与《搜神记》

天下熙熙，皆为利来；天下攘攘，皆为利往。在这条潇贺古道上，千百年来，不知有多少迁客骚人听雨客舟，不知有多少将士顶着炎炎烈日戍守征战，更不知有多少商人披星戴月为稻粱谋。在这些来来往往的人群中，一个弱女子的名字留在了东晋人干宝的《搜神记》里，她也因此成为了岭南第一个有文字记载的有名有姓的女商人。

在封开近年编撰的地方文史资料里可以看到，她叫苏娥，被认为是东汉时期的封开人。后人在传说里演绎这位奇女子曾组织商队，从当时的长安出发，一路上驮着丝绸、茶叶，过长江、湘江、潇水，走潇水和贺江之间的古道——新道，再走封水（今天的贺江）、西江到岭南，然后再把自己的货物转出海，还称苏娥"把生意做得最远的地方是波斯国"。

苏娥是否真的把货物运到了波斯，实在难有实证，但是在《搜神记》里确实有对苏娥的记载。这篇500多字的故事，描写苏娥是汉朝一个身世可怜的寡妇，广信县人士。因生计所迫，她带着一个叫"致富"的丫环，跟同乡一个男人王伯赶着牛车出来卖缯。到了高要，丫环突然肚子疼。苏娥就找到亭长龚寿求助。亭长质问她一个女人家为何独自外出，并起了贪财的恶念，用刀刺死了主仆二人，埋在鹄奔亭下。苏娥化作女鬼，两年后，向夜宿鹄奔亭的交州刺史鸣冤，冤情终得昭雪。

这实在是一个凄惨的鬼故事,虽说《搜神记》被后人定义为"志怪小说",但曾经著写过煌煌20册《晋记》的干宝,却显然是把它当作真人真事来记的。苏娥的遭遇,其实也正是数百年来丝绸之路商贸大潮中的一个缩影,相比起舞剧《丝路花雨》中的英娘,苏娥的故事简单得多,却也真实得多。

闲话"岭南第一状元"

莫宣卿的生父莫让仁死时,莫宣卿还没出世,所以莫宣卿是遗腹子。母亲因家贫改嫁给南丰的莫及芝。莫宣卿在继父家里生活到6岁还不会开口说话,人们以为他是一个"白痴"。满7周岁,他与孩童玩耍,在沙地上写下一首诗:

我本南山凤,岂同凡鸟群。

英俊天下有,谁能佐圣君?

这时人们才发现他的聪明,遂送他去读书。他记性好,过目不忘。入学后他又写了一首自题诗:

少年立志早登科,世上文章奈我何?

赋读五经犹恨少,诗吟万卷未为多。

江湖海阔为池砚,出水高山作墨磨。

愿借青云为白纸,将来写尽太平歌。

岭南首魁状元莫宣卿像

他平时很懒散，不太听话，老师不让他读书，要他回家，他又不愿意，只好把他留在学校里做杂工。

有一年，老师挑选了一班学生上京应试，莫宣卿以一个杂工身份随行。

师生一行来到封川牛头界，日已西沉，雷声隆隆，天要下雨了，不得不在山界上找间茅屋借宿。茅屋的主人是一位老伯，屋里摆着酒席，准备宴客似的。大伙对老人说："老伯，让我们避避雨好吗？"老伯说："不行，我一会要请客呢！""你请客为什么不见有人来呢？""等一下人就来了。""求求老伯，客人未来，就给我们避避雨吧！"经过再三请求，老伯说："我出一个谜语，你们猜中才准进屋。谜语是'曲曲弯弯，粒黑粒白；散散修修，重重叠叠'。"老师和学生都答不上，老伯说："那就不准进屋了！"进退两难中，莫宣卿说："让我试试吧！曲曲弯弯娥眉月，粒黑粒白似眼睛，散散修修天上星，重重叠叠是书经。"老伯笑呵呵说："好，猜对了。"说罢摸着莫宣卿的头，夸奖了他一番，请大家入屋就席，原来这酒席正是为这班师生准备的。

当晚在茅屋住宿。翌晨临别时，老伯对大伙说："莫小哥年纪最小，上京路远，你们千万要照顾他啊！"

这天，师生来到长江渡口，要坐船过江。船艄公有两个女儿，看到莫宣卿年纪最小，帮她们划船手脚又灵巧，打心眼里喜欢他，艄公叫小妹跟莫宣卿上京。宣卿说："我是来服侍大家的，怎么能够陪伴你？"

小妹苦苦哀求，宣卿最后只好同意了。

来到京城之后，莫宣卿也跟大家报名参加考试。榜上有了名，复试又入选，莫宣卿和小妹高兴极了，两人买了两个沙田柚，每人一个，小妹的那个柚子先剥开，两人边走边吃；莫宣卿这一个捧在手里，抛上抛下，沿街说："波碌响三声，高中状元第一名。"街人侧目，以为他是傻子。第三轮复试，年仅17岁的莫宣卿考中状元，皇帝亲自赐宴。

　　当时岭南被视为南蛮之地，封川又是岭南的边远山区，一个翩翩少年，竟然压倒天下才子，高中了状元，难怪整个京城及岭南都轰动起来。莫宣卿回乡的时候，先入西村莫家，然后再上南丰莫家饮状元酒。两个家都照顾到，乡亲父老都称赞其处事得体。

　　不久，莫宣卿探亲期满，回京上任。一日，他与皇帝下棋，说："将，广东免解粮！"讲得多，皇帝也跟着说："将，广东免解粮！"莫宣卿立即下跪谢恩。皇帝开金口，一言为定，广东从此免解粮了。

　　在和皇帝下棋时，皇后在旁边经常看到莫宣卿叫"将"，棋子就会自动走去，而皇帝叫"将"，却要自己动手。又看到莫宣卿的座位比皇帝高，背后经常出现罗伞。皇后将事告知皇帝，皇帝认为莫宣卿不是凡人，将来会争夺皇位，存心要害死莫宣卿。

　　有一次，皇帝提出要到莫宣卿的家乡玩一玩。莫宣卿担心自己让家乡免赋税的事情败露，推说路途艰辛，劝皇帝别去，说家乡的山蚊极厉害。皇帝不知山蚊为何物，就叫莫宣卿带给他看。莫宣卿回乡叫人捉两只黄蜂放在两个竹筒里，一只拔去蜂针，一只木拔蜂针，拿到皇帝面前问："皇上，山蚊来了，你要哪一只？"皇帝说："任由你给哪一只都行。"莫宣卿将拔去蜂针的黄蜂放出来，捧在面上手上玩弄一番，于是皇帝要莫宣卿打开另一只，也学莫宣卿的样子用手去捉，结果给蜂针蜇得手肿面肿，叫苦连天，从此不敢再提到莫宣卿家乡的事了。

　　一次，皇帝知道莫宣卿要回家扫墓，送给他两罐毒酒，还派了亲信护送。莫宣卿把它放在船头上。船到途中，有条鲤鱼精想救莫宣卿，跳了上来撞翻了两罐酒，莫宣卿想到酒是皇帝送的，打翻了太可惜，把剩下的两杯酒饮了，结果坐在椅子上不动了。他手拿着书，好像在看书一样，其实已经被毒死了。皇帝派来的

状元墓墓门有大字石刻"甲第开南粤"，盛赞墓主才华出众，开南国才子高中状元之先河。

谒状元墓

明·潘海

春日劝农到此方，殷勤来谒状元郎。
民淳可是流风盛，讼简应知德化长。
唔咿书声树落暮，飞扬云绕古祠堂。
英灵遗像今如在，犹似当年折桂香。

亲信以为莫宣卿没有死，就立即回去禀告皇帝说："这酒不够药力，莫宣卿没有死。"皇帝不信，便亲自去试一试，结果皇帝也被毒死了。

据说莫宣卿死后，也不见尸体，只剩下一只靴。后来，莫家就把这只靴葬在罗鼓岗上，这就是远近闻名的状元坟。

南汉传奇

乱世的开国者们

2005年4月17日，"2004年中国考古十大新发现"名单正式对外公布，广东广州大学城南汉二陵位列其中。"中国考古十大新发现"从1991年开始评选，该奖项的评选和相关活动由国家文物局指导，中国考古学会和中国文物报社等国内文物界权威机构主办，它不仅是中国考古界最权威的非政府奖项，同时也是中国考古界交给世界关于年度最高成就的一张答卷。2002～2003年，国家文物局共批准了考古发掘项目1100余项，因此能入选"十大"，必然经过了异常激烈的角逐，才能脱颖而出。

说了这么多，"南汉二陵"主人是谁？与封开有关吗？

南汉，即唐朝末年五代十国中一个起家于封开、割据岭南、建都广州的独立王朝，前后经历了55年时间，历三世五主，其疆域最大时包括今广东、广西、海南三省区及湖南、贵州、云南的一部分，是岭南地区继南越国之后的第二个地方政权。

南汉二陵，即德陵与康陵，乃南汉开国之君刘隐、刘岩（即刘龑）两兄弟之墓。刘隐、刘岩乃同父异母兄弟，唐丞相韦宙出镇南海时，其父刘谦尚在广州做牙将，韦宙见他生得气宇非凡，认为他日后必有一番成就，不顾夫人反对，把侄女嫁给他，还说："此人非常流也，他日吾子孙或可依之。"可见刘谦年纪轻轻就流露出一股英气与贵气。后来，刘谦东征西伐，战功显赫，果然出任封州刺史兼贺江镇遏使，镇守形势险要的封州，成为朝廷委任一方的边陲要吏。

封州居两广之要冲，位于贺江、郁江与西江三江相汇之口，是通往中原地域和控制岭南水陆交通的要道，乃兵家必争之地。刘谦经营封州12年，小小封州竟"拥兵万人"，在岭南各州可谓首屈一指。

刘隐像

　　刘谦死时，刘隐只17岁，虽得部众拥戴，但有人欺其太"嫩"，勾结谋反。不料刘隐亦是个铁腕人物，周密布置，一夜之间尽杀谋反之徒。节度使刘崇龟闻其才，召署右都校，复领贺水镇将，旋表兼封州刺史，从此奠定他岭南"草头王"的地位。后于公元905年，由当时已挟天子之令的朱全忠举荐当上节度使，登上岭南最高权力的宝座。范文澜在《中国通史》中把这一年定为南汉建国之年，虽然实际上南汉开国是在12年后的后梁贞明三年，即公元917年，刘隐已逝，刘岩在接过岭南节度使之位6年之后才正式称帝，国号大越，改元乾亨，定都广州，称兴王府，辖47州。次年刘岩以汉代刘氏后裔自居，改国号为汉，史称"南汉"。

　　刘隐是刘谦正室韦氏所生，"幼而奇特，代祖（刘谦）绝爱怜之"。刘岩乃庶出，即妾段氏所生。正室韦氏即韦宙的侄女，是个势利女人，说得难听点是心狠手辣，在刘隐出生后不久，听说二奶又生一子，大怒，便要将他杀掉。传说刘岩有帝王之相，令韦氏慑服，掷剑于地，并说："此非常儿，吾家之宝也！"遂收为己子，杀段氏。史书对刘岩的描写：身长七尺，垂手过膝，稍长便善骑射。当时刘谦请术士为儿子们看相，术士说，只有刘岩有贵人相，因此刘谦对刘岩更是宠爱有加。

一代名将苏章

　　南汉虽定都广州，却起家于封开，因此封开籍的将士在南汉的建立史上起了不可低估的作用。特别是著名大将苏章更为南汉的开国立下了汗马功劳。

　　苏章，封州人，性忠厚，骁勇善战，虽读书不多，但行军布阵每合古法，为一时名将。刘隐有一次与韶州兵交战遇大雾，韶州兵趁雾逼近刘隐帅船，用铁缆带搭钩扔中即行拖走，汉兵惊慌不知所措，苏章引弓搭箭，射敌数人，用大斧斩断铁缆，使敌计不逞，刘隐乘胜掩杀围城。次日攻城，城上有人辱骂刘隐，苏章引箭射之，骂者应弦而倒。有一次战斗中刘隐坐骑中箭，苏章把马让给刘隐，自己步战断后拼死掩护，俱得脱险，由此可见苏章之神勇。

　　乾亨元年（917年），刘岩称帝，命苏章掌管禁卫军。大有二年（928年），楚国举水军击南汉，围攻封州，败汉师于贺江，溺死千人。于是刘岩急派苏章率神弩军三千、战船百艘驰援。苏章到贺江后，观察两岸的形势，他命士兵在贺江两岸横拉两条大铁链，将铁链沉于水中，铁链的两头系在岸边特制的巨轮上，再筑堤把机关隐蔽好，将士预伏于两岸堤中。布置停当，苏章亲自轻舟出战，打了不久，便诈败撤退。楚军两次获胜，不疑有诈，便倾师直追。到达设伏之处，岸上汉兵猛力绞起铁链，把江面锁住，楚船进退不得，三千神弩军万箭齐发，尽歼楚兵。此役在《资治通鉴》、《十国春秋》、《新五代史》和《南汉书》等均有记载，可见此役影响深远，直追赤壁之战。而此千年古战场就正是现在封开县城贺江一桥和二桥之间一个叫"丰沙"的村落，现在正轰轰烈烈地进行着堤围加固工程，相信不久的将来，这里将成为一个美丽的景观，或者一个现代化的小区。

侯夷庚：一手掌三印

明朝末年，岭南出了一位著名的清官侯夷庚，人称"白面包公"。他曾被同时任命为广西藤县、容县、北流三个地方的知县，在封建社会上极其罕见。每年农历三月初一，封开以及广西梧州等地的群众都自发地来到位于封开县南丰镇江湾村的侯夷庚墓拜祭。一些人还会来到附近的乡贤祠，听当地老人讲述这位乡贤的故事。

侯夷庚，字应遴，封开县南丰人，生于1580年，卒于1647年，明万历二十七年（1599年）拔贡。侯夷庚在任期间，为官清正廉明，带领当地人民筑坝开渠，拓荒垦地，为老百姓办了很多好事实事，深得百姓的拥护和爱戴。

有一年，广西东部闹旱灾，灾情十分严重，庄稼绝收，有些穷苦百姓因食不果腹而饿死荒野。侯夷庚看在眼里，万分焦急，即上书朝廷禀告实情，恳求朝廷紧急救援。为解百姓燃眉之急，侯夷庚赶回封开老家，变卖了自家祖上留下来的田产和房产，到处集资赈济灾民，使不少原来挣扎在死亡线上的百姓绝处逢生。

相传侯夷庚任期届满时，百姓舍不得他走，联名上书请求朝廷让他连任，直到他告老还乡。终老之后，人们又纷纷捐资为他修建祠堂以作纪念，让世代子孙缅怀这位爱民如子的父母官。侯夷庚仙逝后，当地乡民把他的政绩禀奏皇上，请求赐封。皇帝念及侯夷庚为官清廉，即批拨银两为他在家乡建祠，并下圣旨赐谥号曰"乡贤"，将匾额高悬在乡贤祠的牌坊上。

2002年4月12日晚上，广西藤县的梁先生和妻子女儿来到侯夷庚的墓地拜祭，他对在场的记者说："听说我的祖上就是吃了侯夷庚变卖家产后买的粮食才存活下来的。每年的今天我都和家人来拜祭他，表达我们的感激之情。"

清官"白面包公"侯夷庚像

乡贤夷庚侯公祠。夷庚仙逝后，皇上念及夷庚为政清廉，即批拨银两为他建祠，并赐谥号曰"乡贤"，和圣旨两匾额挂于乡贤祠内与牌坊上。

相传侯夷庚之所以能够在藤县、容县、北流县三县任知县，得以施展他的才干造福于民，流芳百世，归功于其伯父侯见田和其学生——当朝状元王时进的举荐。

侯见田出身书香门第，曾在湖广岷藩府任教授，他的得意门生王时进科考时高中状元，在万历皇帝身边任职。王时进出身贫寒，求学时常得到侯见田的资助和悉心指教，对老师心存感激，不免常在皇帝面前提及老师的恩德。

于是皇帝对侯见田产生了兴趣，下诏"令汝师进京见朕"。王时进当即派人带侯见田进京。

据说，万历皇帝曾经让侯见田留京任职，但侯见田感觉自己年事已高，坚辞不肯，最后推荐了品学兼优的侄子侯夷庚给王时进选用。

后来通过王时进的举荐，万历皇帝就封侯夷庚同时任广西容县、藤县和北流三个地方知县。侯夷庚博学多才，聪颖过人，在"一手掌三印"的仕途上亲征为民，政绩卓越，留下了一段佳话。

李炳辉：碧血黄花

回头二十年前事，
此日呱呱坠地时。
惭愧劬劳恩未报，
只缘报国误为私。

也许是由于在南洋生活的缘故，李炳辉故居的遗物不多，但他这首"只缘报国误为私"的诗句，如今读来犹震心腑。这一首诗写于清朝宣统三年（1911年）。这一年的羊城4月，是一个鲜花盛开的春天，也是一个碧血横飞的春天；是一个绝望的春天，也是一个希望的春天；是一个死难的春天，也是一个重生的春天。

李炳辉像

写这首诗的人，跟写《与妻书》的林觉民一起，牺牲于1911年4月27日，同样也跟林觉民一起葬于广州黄花岗。当时和他们并肩参加起义的革命者，大多不是久经沙场的战士，面对强大而残暴的清政府，他们的失败或许早已在意料之中，也正因为如此，烈士们的绝笔才更加震撼人们的心灵。这真是千古不灭，光芒万丈的文字。

李炳辉又名李祖奎，别号路得士。1890年生于封开县平凤镇平岗村。父亲李善昌，母亲聂氏。妻刘氏，生一子，名坤。在黄花岗起义烈士纪念碑上，他名列第二行的第一位。人们往往只看到他是黄花岗七十二烈士之一，其实他为国忘家的精神是不容忽视的。

李炳辉从小就立志救国救民。他少年时期就背井离乡去了南洋，开始信仰耶稣基督，积极传教，认为"上帝可以救中国"。后来，他接受了革命党人的宣传，逐渐觉悟，认识到只有打倒帝国主义，"驱逐鞑虏，恢复中华"才能救中国，随即加入了同盟会。从此，他由一个虔诚的传教士变成了一个狂热的革命战士。1911年4月27日，革命党人在广州起义，他参加了敢死队，跟随黄兴攻入两广总督署衙门，与清军展开了激战，因为寡不敌众，战死在广州高第街，时年21岁。

1911年4月27日，李炳辉参加广州起义，壮烈牺牲，长眠黄花岗。

炳辉园内有李炳辉烈士祠及重修的李炳辉故居。

胡汉民为李炳辉烈士题词（1932年3月）

李炳辉，又名祖奎，别号路得士，广东肇庆人士，性敦厚，以孝称。每以海禁大开，谋社会事业，宜识英文，因随人到南洋大霹雳埠，就教会开设学校而学焉。次年又由麻（马）六甲某校肄业，并得研究教理，遂为耶稣教徒。旋分发星加坡教堂，从事传道。历任石叻日里诸埠教务，成绩卓著，商民信服。君虽身羁海外，而救国之志，未尝一日去诸怀。会罗仲霍在南洋运动革命，君闻其演讲，爱国热血，忿涌不禁，遂由萧锦兰介绍入同盟。向之一心宣传教务者，至是更热心宣传党务。华侨信从革命者，益蓬勃而不可遏矣。辛亥春，党中央决定由广东大举，热心革命者，无不踊跃从事，君与同志驰至香港，其母闻之，以书促其回家，且以诞辰宜归为言。君复书道不能归言，并附以诗云："回头二十年前事，此日呱呱坠地时，惭愧劬劳恩未报，只缘报国误为私。"呜呼呼，此寥寥数句，而挚性决心，俱可见知。至三月二十九日，随黄兴入攻督署，力战而死，遗骸与诸烈士并葬黄花岗。

1932年，李炳辉的老师，辛亥革命元勋、国民党中央执行委员会常务委员会主席胡汉民为李炳辉烈士题词。

我第一次去黄花岗拜祭英烈的时候，在孙中山先生"碧血黄花"的题词下面，听到一个小孩在问他的爷爷："爷爷，血不是红色的吗，为什么说碧血啊？"

"古时候有一个忠臣，被人杀害了，老百姓被他的正气所感动，用盒子藏起他的血，三年以后血化成碧玉。后来人们就把忠臣烈士所流的血叫做碧血……"

伴着老人沧桑的声音，我耳畔仿佛响起了一首熟悉的歌：

五月的鲜花开遍了原野，鲜花掩盖着志士的鲜血。

为了挽救这垂危的民族，他们曾顽强地抗战不歇！

……

隔着一个世纪传来的歌声，至今仍如此令人感怀。没有青春的激情，没有对自由的渴望，没有对生命尊严的敏感，没有为理想而献身的勇气，一个民族是没有前途的。

山水封开

封开山美！连绵起伏的峰丛勾勒出景色宜人的百里画廊，绿意连绵到天边，渲染出一幅天然的绝色山画。封开水美！贺江宛如绿色飘带，漫江碧透，水底荇藻摇曳，两岸茂林修竹，泛舟江上，心也清逸，人也淡然。

绝色山画

千层峰，"封开的张家界"

从田园盆地进入狭隘的山口，穿过石墙作壁的山路，绕入峰林，一步一景，步移景换，这一处天然的园林景观就是封开奇景——千层峰。

千层峰源于3.8亿年前的泥盘纪，由重重叠叠的色彩斑斓的砂页岩和局部钙质页岩构成，是我国最古老的造山运动——嘉理东造山运动所造成的山峰，是广东两个嘉理东造山运动的标准地之一。这里群峰耸立，苍翠欲滴，主峰高233米，如倚天长剑，直插云霄，奇伟险峻。山虽不高，但却集"黄山之奇、华山之险、庐山之秀、峨眉之幽"于一身，向世人展示一幅亮丽的山水画卷，令人顿生思古之幽情，惊叹造化之神奇，被誉为"封开的张家界"。

迎客松

千层峰一步一景，步移景换，漫步其间，如有王维田园山水诗的禅趣，又有乡土空静之美。

鸟瞰千层峰

　　这个远古砂岩峰林是以其主峰——千层峰的名字命名的。据说是指其峰体乃由9999层岩石叠加形成。事实是否如此，留待有心人去考证。但层层叠叠的岩石间以及岩顶之上，随处可见青松荟萃，形成了奇景"千层叠翠"。

　　这里如一卷铺开的山水画在蓝天下绽放：岩石的躯体，如岁月的叠加，具有不着痕迹的升腾力量，在3.8亿年前的漩涡里，重叠成倔强的老人，满身美丽的疤痕，仿佛被岁月无情地切割，只剩下那一抹带血的岩石的纹理，在点点红泥印痕深处，丹壁，就像一尊佛像，蕴含禅意，高深莫测，无法读懂，只有王维田园山水诗的禅趣与空静之美。我们推开木门，从闲云开合的缝隙里细读山水。

千层峰景区之生态露营基地，与山水亲密接触。

千层积翠

陈景舒

千层突兀古川东，
积翠凌霄气势雄。
石径登登行不尽，
秋高枫叶映山红。

千层飞瀑

　　"垂壁千层石，悬空万朵花"，一丛丛凌空高悬的杜鹃花，扎入冰冷如铁的岩石中，多像一幅抹不去的国画，悬挂在大自然的红木框里。杜鹃花轻点一抹沉静的鲜红，在一片蔚蓝的天空里描绘，把天空擦亮。绵延石峰，满山松涛，绿叶婆娑，松树的绿温柔了山峰的突兀峥嵘。顽强挺拔的松树默契而繁密地生长在山谷里、岩石缝里，步入山谷时首先映入眼帘的是气势如龙的迎客松。在峭壁高处，这棵苍劲的松树从山边岩石处横空倒悬，如岩里伸出的手，迎接远方而来的客人。还有山谷高处观景平台上那五株苍劲的擎天巨松，它们名曰"五老松"，相传乃仙人的化身。老松盘根错节，绿阴如盖，树身浑圆。当地民间有谚："抱抱五老松，永世不愁穷。"山脚下，浩荡的水因积贮膨胀，爆开的声音清脆如雷，奏起千层柔波。

　　著名书法家秦咢生老先生感叹之余，在崖边题诗云："郁翠斑斓古成楼，倚天雄瞰下林陬。丹峰回抱涵遥巘，气挟涛声贯斗牛。"

　　乘兴登峰，观音峰是目前千层峰唯一可登顶的山峰。沿着静谧的栈道一路往上走，山间纯净的空气让人倍觉神清气爽。栈道旁，常绿的苍松与奇葩异草交错杂陈，相映成趣。在暮春四月又有另一番感受。茂密葱绿里陈杂着的一树树、一枝枝杜鹃相继绽放，有烧红天地的红杜鹃，有灿烂如白雪的白杜鹃，有雍容华贵的紫杜鹃，花天花地，这里又成了一个天然的大花园，阵阵的幽香，令你在峰回路转间陶醉。

　　在这样一个奇伟壮观的古老峰林中，以悠闲的姿态来看看山，玩玩水，一下子把人带回了平静安详的心灵境地。

麒麟山：四时好景

麒麟山位于封开县中部，横跨渔涝和白垢两个乡镇，主峰927米，山形秀丽，山色翠绿，山脉连绵百里，山形厚实饱满，更有漫山的苍松点缀其间，使整座山增添几分秀气与生机。远眺全山酷似麒麟，于周围数十里的群山之中如龙头之首，尤为显眼。

我们驱车沿路前往白垢镇境内，在渔涝与白垢的两镇交界处，便看到了奇峰怪石，如巨人裸露着强健的筋骨，直指苍穹，蔚为壮观，令人望而生畏。据说在山峰半山处的石岩上有泉眼一口，流水终年不断。停好车，我们就迫不及待往山上走，恨不得马上揭开它的面纱。

在麒麟山上可观景点甚多，景色历四时各异，早晚不同。在旧《封川县志》中记载，明正德年间，此山为瑶、壮族民众聚居处，山上曾有麒麟寺，山下有"岭南第一状元"——莫宣卿的读书处及祠堂，只是历经岁月的冲洗，祠堂早废，今山上建有电视转播台一座，使得山上更多了一份现代的气息。登上麒麟山之巅，可观毗邻的"天下第一石"杏花斑石，以及更远处的白马山。此时令人慨叹天地造物之心思与奇妙。"麒麟白马护宝珠"中的"宝珠"——斑石，在麒麟

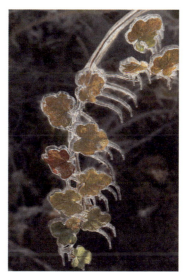

冬季的麒麟山顶草木披银衣，处处呈现出晶莹剔透的景象，能看到南方难得一见的冬日冰挂奇观。

山的脚下，宛如一颗光洁、圆润、饱满的玉珠，静静地伏在田野上，显得异常精致与小巧玲珑。

如果你在早上登顶麒麟山，可看到日出的奇观和滔滔云海。那时，红日胜火，喷薄欲出，其间云雾翻滚，有如海浪起伏，风起云涌，时如万马奔腾，时如鸣鼓收兵，让人顿感世间变幻莫测；傍晚，静坐山间石头，休闲地看绚丽的晚霞和远近层次分明的小山，错落有致的农舍，炊烟袅袅小镇乡村景象，一派恬静而温馨的图画，让人感到心境的宁静。晴天，可俯瞰山外四周数十里之景，自有一种"山高人为峰"的飘飘然感觉；雨天，细雨纷飞，轻烟笼罩，山上山下景色朦胧，城镇、村庄如真如幻，仿如海市蜃楼，眼前是一个虚无缥缈的世界，而山间则雾气缭绕，有若加穿轻纱，形成如梦似幻的麒麟山云海景观。

如果你"不巧"在冬季来到麒麟山，不要以为山上万物萧条没什么好看的，碰到冷空气南下，冰雪降临，山顶草木披银衣，处处呈现出晶莹剔透的景象，整个麒麟山顶就像一个童话般的水晶宫殿，令人惊叹称奇，这便是难得一见的南方冬日冰挂奇观了。

山间种满了麒麟李，适逢花季可赏花，到了丰收的季节漫山挂满绛红色的果子，无比诱人。

麒麟山乃灵山圣地，灵山圣地必出灵童吧！于是我想起了岭南首魁状元莫宣卿，想起了那个在麒麟山下搭了一间书屋专心攻读，挥笔立就《答问读书居》的"岭南第一状元"莫宣卿。就连唐宣宗也大为感叹，称莫宣卿乃奇才，并赐宴题诗称赞。是灵山孕育了状元，还是状元使灵山名扬？

麒麟山李子俗称"鸡麻李"，当地人叫"麒麟李"。它是韶关翁源三华李的变种之一。麒麟李是封开县的名优水果，尤以渔涝镇所产的最为上乘，质地又数麒麟山所产的最好。闻起来果香淡雅，吃起来无渣、清甜可口，汁有蜂蜜味，被誉为"果中珍品、李中之皇"，近年远销珠三角及港澳等地区。

我们顺着山麓走，看到山间种满了麒麟李，每年的农历十二月底至正月初，是麒麟李花开季节，花期大概半个月，雪白的李花挂满枝头，如皑皑白雪茫茫一片；六月果实成熟时，粉红的、紫红的麒麟李有的露于阳光下，有的藏于绿叶间，甚是诱人。采之、尝之，夫复何求？

安如斑石

大斑石的雄奇，引得不少诗人为之惊叹："横卧封州地，天公矮半截"；"料是女娲留，天穿赖补缺"；"人间一巨石，宇宙一泥丸"。大斑石端坐于苍茫的大地之上，昂首于广阔的天穹之中，傲视万物，气宇轩昂，天地间唯其独尊。1982年，时任广东省长的刘田夫同志为其题字"天下第一石"。从此，大斑石名扬天下。

"一石成山，横空出世"，这就是斑石的真实写照。高190多米，长1300多米，宽600多米，占地1200多亩，如此巨大且完整无缝的花岗岩石头，可谓举世无双。其实，澳大利亚的艾尔斯巨石比它更大，不同的是，艾尔斯石裸露于茫茫沙漠之上，南回归线的烈日终于将其撕裂；而斑石则深藏于丘陵地带的重重山岭之中，北回归线的雨水把它滋润得珠圆玉润。每当雨后斜阳复照，斑石的石壁上便呈现出色彩斑斓的景象，如梦如幻。

大斑石景区之放生池

秋季是欣赏斑石的最佳时节，金黄的稻田将斑石映衬得灿烂、动人。

斑 石

秦咢生

一石成山大可知，
斑斓五彩亦雄奇。
暗泉活水流甘泽，
洗出名区载口碑。

　　谁也不知道斑石静静地横躺在这里多久了，山脚下的一片翠绿田地像碧绿的玉盘盛载着这颗巨大的"黑珍珠"，美丽的广信河从斑石旁边蜿蜒流过，你所见到的是富有诗情画意的田园画面。"长川含媚色，波底孕灵珠"，这是出生在斑石附近的"岭南第一状元"莫宣卿的著名诗句，其灵感仿佛来源于斯。

　　这"黑珍珠"世间仅有，它的一侧是麒麟山，另一侧是白马山。据说玉皇大帝担心"黑珍珠"有失，便派天上的麒麟、白马来护卫。麒麟、白马忠于职守，寸步不离，天长日久，终于定格成山。远眺麒麟山和白马山，其高耸入云之势，仿佛在随时等待着来自天上的命令。

　　在麒麟山顶上看斑石，呈现在我们眼前的又是另外一番"鲤鱼跳龙门"的奇观。麒麟、白马之间的猿岭山峡就是龙门，斑石像一条活生生的鲤鱼游动于碧水之中，正欲向龙门跃去。传说莫宣卿少年时曾在麒麟山下苦读，上京赴考时有麒麟、白马护送，高中后，唐宣宗为得如此出类拔萃的人才而兴奋不已，赋诗云：

　　南方远地产奇才，突破天荒出草莱。

　　神鲤跳翻三尺浪，皇都惊震一声雷。

　　如此神奇的巧合，真让人感到有一道玄机。

　　从旁侧登上斑石山顶，巅峰便是仙人台。仙人台是"歌仙"刘三妹当年唱歌和成仙的地方。

　　传说古代斑石一带原是桃源仙境般的村落，男耕女织，富足祥和。有一回，连年大旱，遍地干裂，草木不生，村民面临灭顶之灾。刘三妹天天登上仙人台，以其凄婉的歌声朝天哭唱，哀求上天开眼，普救众生。歌声不断在麒麟、白马之间回响，终于传到了天庭，感动了玉帝。突然，一道五彩光柱从天顶直射到仙人台上，整整一夜，麒麟、白马之间的村庄和山野都被照得灿烂辉煌。光柱消失时，刘三妹也失去了踪影，但斑石山下却涌出一股不歇的清泉，斑石一带又恢复了生机。第二天，不知从哪里传来消息，说是刘三妹成仙了，玉皇大帝封其为"圣妃"。于是人们便把斑石峰顶叫"仙人台"，把斑石山下的清泉叫"圣妃泉"。后来，人们又建造了圣妃宫，表达对刘三妹永远的怀念。

大斑石景区之小斑石风光

醉美"十里画廊"

　　这是阳朔吗？不，这是封开境内的莲都"十里画廊"。

　　相传唐代，在封开中部的莲都镇有一龙宫庙，因地震下陷成为一处深潭，其庙也被陷没在深潭之中，人们便称此潭为"龙潭"。不久，在龙潭中长出了青翠欲滴的荷叶，并绽放出惹人喜爱的莲花。当地信众易地重建龙宫庙后，取莲花芬芳、纯洁之意，将其更名为"莲都宫"。随后人们借莲都宫之名作为地方名，"莲都"一直沿用至今。

　　莲都十里画廊从平地凸起的乳峰群罗列如簇，绵延数里，与阳朔的群峰极为相似。罗髻岩、高岩、万富岩、葵木岩等极具特色，洞内石笋、石钟乳、石花形态万千，色彩斑斓。封开县共有80多处大小岩洞，莲都几乎占了三分之二。

　　罗髻岩又名"三刀秋"，传说仙人罗隐想把这座石山赶往东海，不过他费尽九牛二虎之力仍然驱赶不动，忽听雄鸡报晓，他怕天神问罪，便狠狠地向这座石山斩了三刀，逃之夭夭。直到现在罗髻岩上那"三刀"仍然现出殷红的"血迹"；万富岩是一个比较平坦的地下洞，传说古人在洞中挖掘得一缸银，发了财，故称之为"万富岩"。洞内琳琅满目的钟乳石画屏迂回曲折地悬挂在洞壁之

莲都画廊之自行车赛

画廊日出

莲都探胜
石河

棋布星罗舒画卷，
溪环树绕听微吟。
莲都觅得佳山水，
信服封开似桂林。

上，仿如一个大展厅，令人叹为观止；和尚岩孤峰崛起250米，酷似老和尚，故名。其面积比龙山的白石岩还要大，人们曾用"高"、"奇"、"美"、"大"四字来概括它。

造型多样、青翠欲滴的峰丛倒映在碧水之中，一时之间让人难辨虚实。"十里画廊"的美笔墨难表，只有身临其境，亲眼观赏，用心感受。

从未见过这样大手笔的一幅画，洋洋洒洒，十里为图；从未见过如此巧夺天工、浑然天成的长卷，绿色群峰为它布局，秀丽山水为它添色，麓野阡陌为它点缀；从未见过这样真实、具有感染力的写真集——碧绿生辉的龙潭景色，秀美醉人的田园风光，纯朴温馨的农家风情；从未见过勾勒得如此流畅、动人的线条，在蔚蓝的天幕下跌宕起伏，连绵逶迤数十公里，既有精工细巧的素描，又有浓墨重彩的绘图……

"千峰环野立，一水绕山流"，不妨放下一身烦恼琐事到莲都来，沿着乡间小路骑自行车缓缓前行，看眼前舒展开的青山画卷，你会在稻田的清香中享受到难得的悠闲时光。

诡山：幽人栖隐之地

　　封开全境海拔800米以上的山峰有15座，景观各具特色。七星峰、诡山、巢顶、白马山称为"封开四大名山"，分别呈现畸石、天湖、林瀑、杜鹃的最佳景观。

　　险峻陡峭的诡山，山如其名，端庄正直，碧绿茫茫，峰高峻秀。明朝诗人饶建第登临此山，写下：

　　望去天开图画古，看来泉泻石林幽。

　　烟含宝盖休疑雨，月到寒塘始觉秋。

只是因为一首简单的小诗，谠山就声名远播了。原本名不见经传的谠山，后来有了读书台，有了白鹭池，有了"忠谠凝岚"的题字。"忠谠凝岚"就是常年林气绕山的谠山的内涵和精髓了。

从前登山沿一条鸟道，如今开山筑道，游人上山已不再是"鬼见愁"。上山途中随处可观赏丹崖白壁的景色；数步之隔清韵泠泠，余音潺潺的瀑布像珠帘挂悬，上一幅，中一叠，下一卷，真是美极了。

谠山上道路曲折，人迹罕至，原始的生态环境吸引着各地"驴友"们纷纷前来探险。站在山峰的肩上，我们渐渐看清峰巅了。人们说这山肩就是瑶台。传说此是幽人栖隐之地，因迷爱晚霞而不思归。我们未见到幽人，也未看到烟含宝盖，只看到借山藏海的天湖，四周全是岩石松林，别具风姿，妖艳万分。

天湖原名"白鹭池"，仿佛是藏在高山之中的一颗巨大的蓝宝石，湖水似空中洒落的甘露，淡得心醉，远得缥缈，清得透明，蓝得彻底。1969年，长安人把白鹭池建为谠山水库，后改建为谠山一级、二级、三级电站。电站运作排水，飞花碎玉，天湖就有了"天池"之称，更为谠山增添秀色。

沿着湖边走，水时蓝时绿，松影注入水里，色彩便浓了；湖面在阳光的照射下变幻着耀眼的色彩，在茂密的松林掩映中与九寨沟有些相似。无风的日子里，湖面平静得如同一面硕大的镜子，映照着树林，引人遐想。蓝蓝的天空，清清的湖水……风就这么柔软地扑面而来，从波光粼粼的湖面升起一片片祥瑞的白云，蹁蹁跹跹，如游弋的白鹭，随天籁，在眼前那汪纯清纯蓝的湖面起舞弄清影，荡漾出一层朦胧羽纱，轻柔而恬美。

天湖原名"白鹭池"，仿佛藏在高山之中的巨大的蓝宝石，湖水淡得心醉，远得缥缈，清得透明，蓝得彻底。

村民常赶牛儿到谠山来食草。

诡山溪流

"大山深闺"七星顶

　　海拔1274米的七星顶位于封开县境东部河儿口镇境内，与怀集县交界。登临眺望，封开、怀集、德庆三县迷蒙景色可见，为全县第一峰。

　　七星顶是"深山闺女"，很少有人去踏响千年奇石和摇动清香的野花，去看被云雾覆盖的茫茫林海。这座沉寂的大山横亘在北回归线上，山上有7座高约千米的峰峦，排列起来十分像北斗七星的布局，故称"七星顶"。它的样子还让人想到是一头斜卧于青山绿水大地间的抬头仰望的闲牛。

　　春秋两季的七星顶最漂亮，踏行在铺满落叶和残香花蕊的林阴路上，可拧出水的空气中透着林中特有的清香，似乎勾兑出浓郁重酿的酒香，原来是落叶在湿泥土面腐化出此般美妙气味。若不是变换着色彩的山花，还真的让人难以分辨四季。秋天，山风总是依序摘去那些杂木枝头的黄叶，不待露出光秃秃的枝桠，嫩绿的叶片又布满了枝头，林海一片水波汪洋。

　　老死的古木静静地躺在潮湿的泥土上，落木如羽毛无声地飘落，覆盖其上。地上、石头、树干上，翠绿的苔藓铺天盖地疯长，无数的巨石变成一块块未经雕琢的翡翠玉石，幽光四射，伸手抚摸全身毛茸茸的石头，你的手心仿佛能感觉到它的脉动。

　　沿着山休筋络一般的走向，一种植被接替另一种植被，向人传递大山的体温。往深处走，大森林不断地施展出它的魔力来诱惑你：一条条粗大如蟒的藤蔓跨壑越冈，攀树干而上；林间"嗖嗖"而过的小蛇、盘结在树身上的蟒蛇令人生畏，望而却步；小溪里呱呱欢叫的青蛙，林梢婉转而歌的雀鸟，还有鲜艳夺目的野生山荔枝、木耳、蘑菇，林林总总，千姿百态，构成了森林中生动美妙的世界。

七星顶奇石是值得玩赏的。方方圆圆的巨石，俨然孩子们玩过的一堆动物玩具，没有整理便随手乱放。

七星顶奇石是值得玩赏的。绿海中奇石若隐若现，固实厚重，每块巨石重约数吨。方方圆圆的巨石各有各的形象，俨然孩子们玩过的一堆动物玩具，没有整理便随手乱放，或倚、或卧、或躺、或蹲。忽见一块天然而成的巨舰奇石，如一艘倾斜的"泰坦尼克"号，其姿态矫健腾挪，似乎要飞身直下，冲击谷口，叫人不知身在何处，心在何方。

更有一奇特石景充满禅意，它就是"佛指石"。它奇峰突兀，四节石墩，如被青天雕削的棋子，叠立而起，又如佛祖的手指，一指擎天。山风呼呼，"佛指"仿佛随风摇晃，让人望而生畏。这里不闻钟声，不见庙宇，唯见眼前的一段佛指和远处久久不散的雾霭，大自然也参禅悟道，如此鬼斧神工地创作经典禅意，佛在哪里？

山中有100多个青幽幽的石室石洞，弥漫着匪气，苍翠的苔衣一点点爬满历史的痕迹，在深山中显得格外神秘。古有隐者居岩内，门雕联额，联曰："盘洞宗前代，高风效古人。"然而，那也曾是风暴突袭的地方，成千土匪贮积心机的据点，它淌着血的历史。解放前，七星顶的石洞长期被土匪盘踞，许多良民百姓枉死在匪帮刀枪之下，山沟白骨累累，真是个名副其实的"万人坑"，人们一听"七星顶"三字就不寒而栗。解放后，经过剿匪运动，土匪灭迹，七星大山才恢复了平静，真正回归大自然之美。阳光下，历史的光线虚实交织地穿透了大山的脸庞，奇妙得像电影画面。

龙山：别有洞天

广东的溶洞很多，但封开龙山的溶洞却与别处不同，它由三个不同的溶洞构成，外面被一片清秀山林包围，进去走走才知道里面别有洞天：天庭一般的白石岩、象征美好人间的龙泉洞、被称为"海底龙宫"的双龙洞……这"天庭"，这"人间"，这"龙宫"，不正是潜龙之地吗？

白石岩洞口的两只雄狮和猛象，像在欢迎大家的到来，猛然回首，一串壮观的瀑布犹如白练从天而降，一叠一叠折射出晶莹的水光。附近还有一座可以"长高"的凌云宝塔，据专家测定，这座宝塔每年以0.01毫米的速度增高。

走进白石岩，就像走进一个微缩的天庭，天外有天、天塌地陷的奇观令人震撼。白石岩是龙山的主洞，也叫"玉洞"，因白石美如玉而得此名。传说洞内有八音神镇守，每逢夜深人静或阴雨季节，洞内会隐约传出悠扬悦耳的鼓乐之声，仿佛从天庭传来。洞中处处仙景，惟妙惟肖。"瑶池仙境"完全超出了我们的想象，亭台楼阁、玉树琼花、蓝天白云、湖光倒影，显得清静幽深、富丽堂皇。王母在哪里呢？或许她外出即将回来，或许她现在就在瑶池里。据说，王母高雅的气质和美丽的容貌非人间可比，如果你是个非凡之人，或许就能见到王母。

龙山风光

　　龙泉洞是一个优美、和谐的"三平"世界。其天是平的——近800平方米的洞顶是一块浑然天成的大石板，平滑如镜；其水是平的——一段3米多深的地下暗河，不管季节和降雨如何变化，其水位都与洞外的荷花池持平；其地也是平的——洞的尽头是一个大平台，一座座大石是天然的浮雕，线条自然、流畅、优美。每年中秋，通体透明的小鱼成群结队在水面游戏，似赏中秋之月。

龙山景区之瑶池仙境

　　双龙洞的最深处便是"海底龙宫"，一根顶天立地的"定海神针"和一颗油光闪闪的"龙珠"便是镇宫之宝，它们永保"海底龙宫"的安稳和平静。两条石龙浮游于碧水之中，仿佛随时都将腾空而起。"天上人间莫寻龙，古龙蛰伏此龙宫。一觉未醒千万年，沧海云霄在梦中。"龙宫中有一个石鼓，据说把它擂响，就能唤醒沉睡的古龙。是的，石鼓如雷之时，龙就在你的心中飞腾。

　　从前龙山是避难之所，双龙洞的出口就有一把"百年梯"，见证了当年这段土匪称霸民起而战的历史。旧时当地土匪为患，百姓常常举家跑到双龙洞避难，为了抵御土匪，大家合力修了一把木梯用来登上洞顶观望放哨，稍有动静便躲藏起来。这把木梯有27级，约11米长，选用上好的杉木，并浸透蓖麻油，防腐防蛀，至今100多年过去，木梯仍然完好无损。

四峰深处有人家

状元一歇，地生四峰

在与怀集交界的封开县长安镇莫罗、新地一带，屹立着交椅山、马鞍山、郎伞山、独石山四座高低不一各自独立的山峰，恰似拼图一般的完整。交椅山形似太师椅，独石山如笔立剑锋……不说你不会知道，原来这四峰还与"岭南第一状元"莫宣卿有关。

传说莫宣卿荣归故里途中路过此地，被这里的秀丽风光吸引，不由自主下马暂行歇脚。他悠然坐于交椅上小憩，欣赏眼前一片美丽的田园风光。后来，他的行具变成了四座石山，静默矗立于此，留给后人无尽的传说。

高高耸立的郎伞山伫立在交椅山的背后，庄重地张开着绿茸茸的"伞篷"，好像真的在迎接传说中的状元郎。而遗落在交椅山脚旁的马鞍山不但没有因岁月久远而残破，反而被绿树红花装点得更加光彩夺目。马鞍山身后那座巍然耸立的独石山一石成峰，像一把从天上飞插入地的宝剑，峭陡直立，令人望而生畏。独石山上植被不多，山体部分裸露，远远望去，有限的树木好像青铜剑的人造纹理，大自然的鬼斧神工叫人不得不佩服。它又像一匹仰天长啸的巨马，有人说它是当年状元坐骑的化身，千百年了，仿佛仍在等待着它的主人。

还是交椅山最具霸气，一个半圆弧形山体，似一把古色古香的太师椅，安安稳稳地坐立在田畴平旷、阡陌纵横之中，可谓"天下第一交椅"。椅的主人必有一种宠辱不惊的大家气派。山上杂木破石而出，盘结于危岩峭壁上，挺立于清风沟壑之中，吸取岩石中的水分和营养，山体颜色苍翠，透着傲视俗世的气概。莫宣卿的后人在此依山建造了一座莫氏宗祠，山祠一体，自然和谐，十分壮观。祠中四季香火不断，足见莫氏后人对状元的怀念。

独石山

远眺郎伞山、交椅山

莫罗草旬透着一股秀气，举目望远，满眼苍翠，宛如一座现代的高尔夫球场。

莫罗村别样风景

　　山下是一片古韵古味的村落、池塘、老龙眼树、绿草坪点缀其间。进入村子，时光好像突然倒退了二三百年，一泓碧水流到村口，真是"仙居深隐水先遇"。

莫罗村福安居。据说这里曾聚居莫宣卿后人。

　　莫罗村古建筑群浓缩着浓厚的清代民俗，那些古祠堂、古城、古井掩映在杂草之中，定格在一代又一代莫罗村人的记忆中。村子街巷的台阶由黑色麻石板镶嵌而成，年深日久，已被先人们的双足打磨得漆亮如玉。漫步其上，仿佛漫步于岁月悠长的叹息之中。据说，这里曾聚居莫宣卿后人，名为"福安居"。

　　遥想当年，莫罗村也固若金汤，也盛极一时，但有什么能抵挡得过岁月的冲刷？这里的原住居民大都已搬出古围城，在外面新建民宅居住，在钢筋水泥的包围中没日没夜看着电视机里那些装腔作势的都市恋情剧。而在村里，只落墨几笔，就隔断了市井喧嚣，写尽了所有的沧海桑田。近百棵历尽沧桑的龙眼古树撑起来的风景令人赏心悦目，经过一个多世纪的风雨侵蚀，它们盘龙卧虬般的躯干上依然透发着蓬勃的生机，以顽强的生命力传递着古老的信息。

　　山峰与古树竞秀，碧池与草地争妍。在大池塘的旁边，在古村落的背面，有一个叫"金鱼山"的大草坪，山不高，平缓起伏，一任那青翠无边地伸展和延缓，透着一股秀气，举目望远，满眼苍翠，宛如一座现代的高尔夫球场。漫步其间，鸟儿不时从头顶掠过，山间吹来的风在耳边呼呼作响，双足和每一株小草亲密接触，我们仿佛回到天真烂漫的童年时光。

　　莫罗村就像一本精致的画册，它诚实地记录着旧日的风景，待你发现，待你细细打量。

莫罗村独山湖

水光浮城

贺江：千年"黄金水道"

"九曲十八弯"，贺江就是贺江，它既有南国山水的柔媚与婉约，又不失北方山水的雄健与阳刚，它是集南北山水之大成而出落成的一颗璀璨的明珠。它从千年的古河道走来，流经秦时明月汉唐雄风，流经"丝绸之路"繁华的商旅，满腹曲折幽怨的故事，蜿蜒为"九曲十八弯"的传说。

乘船游贺江，眼前是徐徐展开的一轴山水长卷，漓江风韵扑面而来，游人无处不在画境中。那山，群峰屏列，逶迤嵯峨；那水，九曲萦回，绿得氤氲。每一个风景都是大自然在漫长的岁月里精雕细琢而成，都留有先贤的足迹，可以入画，可以入诗，更可以入心。

天下第一湾

贺江是一条很古老的河流，是西江的主要支流之一，是漓江的姐妹江，古称"封水"。它有两个源头，一是富江，源于富川县，流经贺州，统称为"临水"；二是桂岭水，向南经桂岭至贺街东南流入贺江，统称为"贺水"。临贺两水交汇后才称为"贺江"。贺江自北而南流经贺县、信都和封开县南丰、大玉口、都平、大洲等地，在封开县城注入西江。全长433公里，其中封开境内为196公里，流域面积11536平方公里。

贺江"天下第一湾"，弯出了四季不同的景色，真是美极了。

　　贺江以其极为罕见的"蛇曲"地貌而著称，其弯度为3，比长江平原曲流的2.74还要大，素有"九曲十八弯"之称，有关专家称其为"中国最清澈的河流"。

　　在距封开县城两三公里处的第一道江湾，其拐弯之状令人瞠目结舌，原来还是由东向西缓缓而流的一段笔直的江流，只转过一个山头，便突然转向东流了，像两条平行逆向的河流。弯曲的河水环抱着翡翠般的山峦，似美丽的太极图，称"天下第一湾"。这一湾，弯出了四季不同的景色，真是美极了。春暖花开，江上鹏鸣柳翠，白鹭高飞。盛夏时节，江水如练，竹影摇帆点点，对岸田园青翠欲滴，山村古舍，静静伫立。秋天彩霞临江照影，江映斜阳，稻菽翻金浪。冬天，落日铺红，艳丽如彩绸，江上片片涟漪，江面晨雾升腾听渔唱……

　　沿江多处可见这样的河湾。经测定，自江口贺江二桥上溯到白垢圩镇的16.8公里长的河流，如"S"形的河湾竟有15个之多。在地图上看，贺江真正称得上是"九曲回肠"，它竟然与人体内的肠道相似，形成一段美丽的风景。

回望潇贺古道

徜徉贺江，不得不说那激动人心的潇贺古道。

翻开历史的书页，回溯到古老而又重要的潇水封水线上，记载着帝舜南巡的史迹，他曾走到潇水的尽头。由于湘江和漓水两源距离很短，史禄选定了这个天然重要、条件优越的地方，开凿了著名的灵渠（但在其后千年间失修），潇水一贺江线就成了最兴旺的路线。古人借助潇水和贺江行舟，在两水之间走一段平缓的山路，或借助秦修湘桂岭口的"新道"，轻松地翻越岭南，这条路线从秦伐南越开始，兴旺近千年。

古代中原人从这里不断向南迁移，沿着湘江、潇水、封水一线进发，来到"封中"和它的门户古广信县（今封开县城），他们把黄河流域和长江流域的先进文明带到"封中"。历史就是这样造就了盛极一时的古广信，得天独厚的地理位置促使潇水至贺江一线成为最主要的岭南岭北交通线，令文化交流和交通贸易与战略地位在历史上发挥巨大的作用。

悠悠贺江

古战场上的"汉楚之战"

贺江这条古水道上留下的，不仅仅是贸易往来的信息，水道同时也是一条军事要道。在贺江上，也留存着南汉时期的古战场遗址。

遗址位于贺江出口上游5公里处。1000多年前，几百艘战船浩浩荡荡汹涌而下，在此演绎了一场"赤壁大战"，成为中国军事史上著名的"汉楚之战"，也是中国军事史上一个以少胜多的著名的战役。天才军事家苏章指挥了这场铁链锁江之战，令清幽秀丽的贺江沸腾起来了。贺江，因这一场战役而熠熠生辉。

五代十国时期，刘隐在贺江起家，建立了南汉国。公元928年，楚国派水军攻打南汉，几百艘战船沿着贺江浩浩荡荡南下，意图一举攻克南汉。汉军初战失利后，汉王刘龑急派苏章率神弩军3000人、战船百艘增援。

苏章在贺江口附近横拉两条大铁链，岸上安装一个绞动铁链的大铁轮，铁链沉落水中，两端筑堤掩蔽。苏章率兵轻舟出战，引楚军来到设伏的地方，汉兵猛力绞起两条大铁链，把江面锁住，楚军战船进退不得，这时，汉军在上游撒满稻草，稻草把江中团团打转的楚船缠住，使之动弹不得，预先埋伏的三千神弩手万箭齐发，一举歼灭楚兵。从此，楚军再也不敢南下，南汉国进入强盛时期。

白沙：两广边贸第一市

唐代以后，随着大庾岭山路的开通和珠江三角洲的崛起，整个西江地区经济开发由盛转衰，潇贺古道和广信渐渐失去了昔日的繁华与喧嚣，但在两广分界线上的白沙村，还依稀留有昔日商旅往来的印记，那本是贺州一带湖广商人进入封开的第一座大墟市。

这里其实是一座曾经热闹繁华、保存完好的墟市，规模之大实属少见。这六七十间商铺是风格统一的骑楼样式。

汽车沿着山乡土路好不容易才进入广东封开与广西贺州交界处这个名叫"白沙"的小村庄，人们不禁被眼前残留的两排六七十间清末大规模的商铺街所震撼。这其实是一座曾经热闹繁华、保存完好的墟市，其规模之大实属少见。这六七十间商铺是风格统一的骑楼样式。青瓦屋檐，木窗棂，两层的铺头主体框架用青砖砌成，上层住人，下层是商铺。一条条松木拼成的商铺大门可逐一卸下。商铺分成整齐的两排，一路延伸到村子里的古码头边。站在骑楼下，下雨天不用打伞，可以从一头直走到另一头。每间铺头门面看上去有五六米宽，走进去却有惊人的六七进纵深。仓库、厨房、后院都在铺面后面一条线上延伸。

庞大的商铺群和寥落的人气形成鲜明的对比。在200年前，白沙墟市还是远近闻名的墟市。墟市紧靠着贺江，来自湖南、广西、广东的商客都在白沙这里停留卸货、办货。在一座店铺前，用毛笔写的"肇发"二字的铺号还依稀可辨。一位村民告诉我们，以前店铺的规模更大，不是现在的两排，而是四排。住在这里的商人来自湖南、广西、广东各地，有十个姓的人杂居在一起。当时贺江上游附近山乡的米粮、农副产品、木材、药材都在这里进行交易。

年迈的村民带着"闲坐说玄宗"的口气告诉我们，过去，墟市的常住人口是现在的三倍。但是到了二三十年前，船运衰落，白沙街上的商铺也逐渐空置了。商铺变成了后人的宅院。村民也从经商逐渐变成了务农。而这里，也逐渐被四周遗忘了。

纤夫和船民的无字史诗

从白沙往南，回到贺江边的南丰镇中心。这里原是明洪武年间开建古城的城池所在。现在古城的西门和南门还保存完好。沿着城门外清代旧街官渡头可以一路走到贺江边的古渡头。

古城一路往南，穿过城南旧圩，来到南丰镇外一片被称为"龙湾"的水边地带。这里是贺江的一处河湾，贺江下游走西江从江口镇上行贺江的船只到了这里逆流而上，加之地势走高，就如同爬坡，帆船时代，需要人力拉纤。在龙湾水边的文笔山山腰上，我们看到了一条条密集的、深入岩石的磨划痕迹。同行的南丰镇文博工作人员介绍，这些都是历代船民在这里上岸拉纤，纤绳在岩石上反复打磨留下的痕迹。这一条条一层层横切过山腰的痕迹，像水上船民们一首无字的史诗，记载下他们世代在江岸上艰难跋涉的足迹。

文笔山参天的古榕树下，龙湾船民们至少从清朝至今，每年正月十五都来这树下祭祀属于船民们自己的浮龙社神。社神只是用一块石头来代表，浮龙正是船民们一条条船只的象征。1933年竖立的一块碑上，刻着龙湾船民们在这里祈求顺风顺水、丰衣足食的愿望。

南丰龙湾龙母庙

在龙湾水边的文笔山山腰上留下了一条条密集的、深入岩石的磨划痕迹，这些都是历代船民在这里上岸拉纤，纤绳在岩石上反复打磨留下的痕迹。

    在封开县文联，翻开1932年重新编撰的《开建县志》手抄本，当地的官员乡绅集康熙、道光年间的方志资料，重新编写了开建县的历史往事，其中就提到了龙湾这片贺江边船民聚集地域的情况。原来龙湾墟就是南丰墟的所在。墟市就在文笔山下龙吟桥的南边。清康熙十三年（1674年）的时候，因为战乱而废弃。到了康熙二十三年（1684年），知县又组织往来商民们复办商铺。开始的时候，还是"缚茅架屋，聊避风雨"的简陋地方，到了道光年间，在知县的要求下，逐渐规整成用瓦建的房屋，还用青石铺了路。兴盛时候也是人头攒动，"俨然都会矣"。

    在文笔山下不远，以前水运船队的船民们今住在岸边的安居房里。江面上还有几艘当年的货船停靠。访谈船队的人，50多岁的船民女儿林姐告诉笔者，这支船队曾经是封开县人数最多的一支船队，大家祖祖辈辈都是沿江聚拢来的跑船人。20世纪50年代运输社时期，运输队曾经有40多条运货的帆船。船队上了50岁的人，个个都在船上跑过运输，在文笔山的山道上拉过纤。"过去，我们从广西拉大米、木材、石头到江口，装到江口的大船上，运至广州、香港。回来的船上运盐，还有一些外面城里的日常用品。从江口上来南丰，帆船差不多要走两天。"林姐自豪地说。她的口音不是南丰本地话，而更接近广府白话。年轻时经常在外跑水路的她，也听得懂笔者的普通话。

家住绿色自然生态的贺江边，望江而居是一种幸福。

白鹤之洲

　　白鹤洲是贺江中的一处自然湿地，因洲上有白鹤栖息而得名。洲上宽阔平整绿草如茵，像一张浮在水面上的绿色地毯，吮吸着贺江水，简单却又不失内涵。清澈的贺江曲折回环蜿蜒而过，诠释着水的灵性，增添了竹的灵秀与峻逸。

　　有人说，贺江的春天是被白鹤唤醒的。不知它们什么时候从什么地方飞来，见了这迷人的草地就不想走了，在这里觅食嬉戏，演绎风花雪月的故事，为这里点缀一些浪漫。

　　站在逝水之湄，看不同方向的贺江，细细品味这美丽的河曲和两岸秀色，望着水天交接的苍茫之间，有一种诗意的神秘触动心弦。耳边依稀听到那曲熟悉而婉约的旋律从遥远的河面飘来："绿草苍苍，白雾茫茫，有位佳人，在水一方……"

贺江龙皇岛曲线流畅，起伏连绵，像一条巨龙浮出水面，
守护贺江的宁静和圣洁。

龙皇岛：贺江龙脉

　　龙皇岛是贺江和东安江交汇处的一个半岛。双江妩媚秀丽，静影沉璧，映绿溢翠，令半岛曲线流畅，起伏连绵，佳景迷人，像一条巨龙浮出水面，所以岛子被称为"龙皇岛"。

　　传说很多年以前，海龙宫里偷偷跑出一条小龙王，云游到这里时，被这里的人间仙景所吸引，遂一头扎入水中，乐而忘返。它常常脾性大发，肆意翻江倒海，伤害当地百姓，阻断船只通行，令当地民众怨气冲天。龙母娘娘得知后，为保一方平安，施法把它制服在水中，永不得翻身，让它在春雾夏霭中守护这片宁静和圣洁。

　　如今这条小"龙"变得乖巧温驯了，害羞地把头伸入湛蓝湛蓝的水中，只露出半个身子，眯着眼睛徜徉于青山绿水间的闲情逸致和世外桃源般的梦境中，和大自然的一切融为一体，给世人一份安详的感觉。据传，这里是贺江龙脉的所在。有财主欲在龙地葬祖坟，皇帝知道后，便派风水大师来岛上把神龙斩首，龙脉一破，财主计划落空。这条被破坏的龙脉在龙皇岛上还清晰可见。

　　千百年来，"龙皇"忠诚地守护这片水土，祈望生灵福祉安康。水上人家，江中撒网……面对这摄人心魄的江水，也许大家都想伸开双臂去拥抱贺江，在清澈透明的水里做一条自由之鱼吧？

广信河，
流淌的《史记》

广信河徜徉在杏花镇内。史载汉武帝建立岭南政治军事中心于此，设府治称"广信"，故而得名。

广信河流经的土丘和山冈，是先人的风水宝地。许多考古工作者在沿河两岸发掘了不少遗址：乌骚岭、禄美岗、罗沙岗（墩）、牛围山、猛虎头山、佛（罗）子岗（洞）、塘角咀……石器、陶砂、铜鼎、玉环、石（铁）斧等等数千件出土文物让封开声名鹊起，引得众多新闻媒体前来采访。

在充满乡风民气的古村落间，广信河浅唱低吟蜿蜒穿过。许多古老的建筑被完好地保存下来，明清时代的青砖麻石结构房屋随处可见，其格局都保持城堡式和大宅式的原貌；雕梁画栋十分起眼，已开放迎客的就有杏花十二座。

唱支山歌抛过河
贺江山歌

男：人逢喜事乐呵呵，可惜无人来对歌。
　　隔江阿妹如有意，唱支山歌抛过河。

女：唱山歌来唱山歌，问你山歌有几箩？
　　山歌装有迷魂药，听得阿妹晕陀陀。

男：我嘅山歌比星多，唱到月出日头落。
　　山歌不是迷魂药，山歌是个媒人婆。

女：有缘不用媒人婆，有情不用嘴多多。
　　哥若有心妹有意，长篙撑船就过河。

男：妹是凤凰飞落坡，哥是遮阴大树棵。
　　阿妹有情哥有义，接你回家筑金窝。

女：独木架桥妹啰嗦，过桥又怕跌落河。
　　哥是真心扶住我，只怕妹是扑灯蛾。

男：鸭嬷落田会摸螺，莫把喜鹊当了哥。
　　舍得落肥又落力，烂田也能生好禾。

女：瓦片打水波连波，有心捉鱼就落河。
　　水深水浅妹知晓，阿哥是只愣头鹅。

男：阿哥不是愣头鹅，阿哥有把连心锁。
　　哥妹情深结连理，娶你回家做老婆。

女：唱山歌来唱山歌，满船山歌倒落河。
　　河水翻起三尺浪，吓着江中鲤鱼婆。

广信河流经的土丘和山冈，是先人的风水宝地。

麒麟山、白马山、斑石等众多崇山胜境是广信河的堤畔。两岸庙宇众多，祠堂不少。每一处祠庙都有它的传说，如纪念"歌仙"刘三妹的圣妃宫和朝拜灵验的观音古斑庵，这些庙宇装饰华丽，楹联诗句，一派文化气息，使人联想到"近山则诚，近水则灵"的意境。

沿河学风甚蔚，比较出名的文庙是仁里书院，建于清道光四年（1824年），三进四合式，硬山顶，镬耳山，琉璃檐，墙刻花，壁绘画。当时两广督察程含章书题有门匾和楹联："一里书斋，半里烟村半里市；十年心学，五年炼气五年神。"据说，书院祭祀孔子，期望莘莘学子勤奋读书，迈步青云。

现保存完好的私塾大馆是杏花村的蔼然书室，仿西洋风格，楼上楼下有书房20间，透着一种特殊的学风气息。一半因为环境，一半因为心境，令我也有种"小楼今夜听春雨，深巷明朝赏杏花"的异样感觉。

说广信河短，的确，它只在杏花镇内走一遭，还来不及讲述它的前尘往事，浪花就奔流而去；说广信河长，它流经了千年岁月，见证过多少聚散离合，谱写出多少历史的音符。

在时间面前，广信河才是封开这个大舞台的主角。

广信河流经了千年岁月，见证过多少聚散离合？

麒麟山远眺

蟠龙河：天龙地虎把水口

香火缭绕盘古庙

　　蟠龙河发源于封开、郁南、苍梧三县交界处的崇山峻岭之中，是封开县平凤镇唯一的河流，其流域范围也只有平凤一镇。两广的边界山脉老龙壳峰峦叠嶂，仿佛是一座座空中的亭台楼阁。在高耸入云的吟盆顶、三叉顶和屏风嶂下的石缝中，涌出一股股永不干枯的清泉，这些"石牙水"流成了一条小河——白梅河，这就是蟠龙河的源头。

　　"白云生处有人家"。在蟠龙河发源的大山深处，是客家人的聚居之地。这里的人竟然把蟠龙河的发源与盘古开天辟地联系在一起，真令人叫绝。据说古代有一个人得到神灵的启发，在白梅村口建起了一座盘古庙，庙里竟不知何时出现了一副对联："盘古长高开天辟地，梅河流远润世泽民。"此联确实立意高远，特有创意，奇妙无比。盘古庙终年香火鼎盛，当地人讲起盘古庙种种灵验的故事，如数家珍，叫人难以置信。

一河两岸美如诗

　　蟠龙河全长20公里，从源头到平岗为上游，古石河和泥桥河、登元河、峡村河等几条溪流从"云深不知处"流出，这些溪流穿山过峡，落差小时是小桥流水，哼叮咚小调；落差大时则瀑声如鼓，震撼山岳。也许是天人相应，四水在平岗归流，人气也在平岗汇聚。平岗是当地重要的商品集散地，连远处的郁南和苍梧人都来这里趁圩，圩日一到，人海如潮。

　　进入中游，便是平原、红庄两个小盆地，这里一马平川，十里沃野，稻浪如海，百果飘香。

　　过了走马里，下游最大的平原区新宁就展现在眼前，这里是镇政府所在地，是全镇的政治经济文化中心。此地过去称"凤埠"，可见历史上也曾兴旺一时。在下游，蟠龙河又先后接纳广丰、五一两大支流，到蟠龙口注入西江。由于下游地区水位较低，每每西江洪水上涨，这里便变成一片汪洋。当地人掌握了在洪水中捕鱼的特殊本领，庄稼无收收渔获。20世纪60年代，人们在蟠龙口筑起水闸，洪灾没了，但新一代打鱼的本领也没了。

　　20世纪70年代，平凤人民为防洪排涝，扩大耕地面积，从上游的范村直到蟠龙河口，对整个蟠龙河的主要河段进行了一次修筑河堤、裁弯取直的大规模改造。全公社数千青壮年农民集中在工地上吃宿，他们锹铲肩扛，从早上天未明直干到晚上伸手不见五指，经过几个秋后寒冬的苦战，终于完成了这一史无前例的改河工程。30多年过去，那些改造过的河道"人工雕塑"的痕迹已经模糊。在昔日修筑的

　　盘古庙建于何时，当地人并不知道。古代，这里曾是瑶族人聚居的地方。瑶族人以盘古为始祖，有瑶族人的地方就有盘古庙，因此，这座盘古庙可能就是瑶族人遗留下来的建筑。在平凤镇，有不少以"古"字藏头的村名，如古邓、古石、古畔、古池、古凤、古则、古悦等等，大家都不知道这些村名形成的年代和其中真正的含义，只觉得也许与盘古和瑶族人有关。

河堤上，蕉林、荔枝林、柑橘林，绿树成荫；河堤内良田片片，春是碧绿的湖，秋是金色的海；河堤外流水淙淙，如欢快轻柔的琴声不绝。人们成群结队地在河堤上乘凉、漫步、赏月，享受丰收的喜悦。只是上游的范村河段和下游的蟠龙口河段由于改河失败，留下了两条长长的"伤痕"，至今仍触目伤心。

溯流而上，数十里美丽风景随着人们的脚步徐徐展开：一片片田园之外，青山遥相对峙；一座座村落之中，洋楼古屋相间；一声声鸟唱蝉鸣，花香酒香流溢。在这长长的画廊中，镶嵌着两颗璀璨的明珠，那就是走马里的樟树林和平岗村的泰新桥。

走马里的樟树有100多棵，树龄在三四百年以上，大的要几个人才能合抱。20代走马里人保存这片樟林确实不易，而樟林也在回报着走马里人，它们高举着宽阔的树冠，顶住烈日和风雨，掩映着户户民居，为这美丽的村庄撑起一片幽静、宜人的天空。

泰新桥横跨在平岗村口一条小河之上，建于明代，是广东境内唯一的风雨桥，木质结构，全桥无钉，可谓建桥史上的杰作。"波光竹影漂玉宇，田园一廊胜仙居。河中流水窃情话，桥上隐语说相思"。这就是泰新桥的韵味。当地人常在泰新桥上纳凉、讲古，泰新桥连接着过去、现在和未来。

千百年来，蟠龙河水滋养着一代代平凤儿女，使他们具有健壮的体魄、美丽的外貌，富有智慧、勇气和胆略。

据说风水大师赖布衣当年来到蟠龙河口，随口说出两句惊人的诗句："天龙地虎把水口，皇帝到来也低头。"意思是说蟠龙河流域之内风水极佳，定有连皇帝也敬畏的人物。从此，凡是达官贵人到此，总要下马低头而行。对此，我们无需当真。山里的客家人有一首山歌倒是唱出了平凤人坚韧的生命力和勇猛豪迈的气概："唱支歌仔叮叮叮，去年无米饿到今。三月街头人买米，一手拨开两边人。"

在接近蟠龙河口的地方有两个蟠龙村，一个在下游，一个在上游。下游的叫"上蟠龙"，上游的反叫"下蟠龙"。看似奇怪，其实隐含深奥的哲理，耐人寻味。有人说是因为西江洪水上涨时河水向内倒流，有人说是因为前人已认识到矛盾的互相转化，这是现代人想到的解释。据说过去为上下蟠龙命名的人写下了这样几句话："欲飞未飞，欲走未走；上上下下，是吞是秋。"其中的含义，有几人明白？

丰收的香蕉卧躺在泥路边上，它们是农民的希望。

打铁人家响起叮叮当当的打铁声。只见煅烧得通红的铁条上铁花四溅，红光映着铁匠古铜色的脸。

河有龙吟，酒也醒人

　　南丰镇位于封开县北部，东晋孝武帝太元五年（380年）置开建县县城。城东7.5公里处有一座形如七星北斗连缀的七星山，这个地方叫"天堂"。一条小河发源于斯，似龙蜿蜒而流，与其相伴而出的，是一条蜿蜒如龙的山脉。这河就叫"似龙河"，这山就叫"似龙山"。似龙河由东往西流至开建古城门前，与金装河合流注入贺江。其流经之处，神奇美丽。

酒井美名远播，到酒井取水酿酒的人越来越多，于是这里渐渐形成了一个酒井村。

天堂流出的似龙河

"酒井"甜了"酒井村"

似龙河边，大岗村前，有一个闻名天下的奇井，它就是郦道元《水经注》中所载十余个醴泉之一的岭南乌石醴泉。醴泉井建于明成化年间，宽不到1米，水深4米多。水面以上用4块2尺多高的石方围拢为井壁，上盖一块内凿圆孔厚约尺余的石块为井沿。因有"乌石巩盘固"，所以水面以下不砌任何砖石而历500多年不塌。

醴为何物？甜酒也。醴泉是略带甜酒味的水井，俗称"酒井"，极其稀有。《开建县志》载："水在石中涌出，内有细沙滚沸状如莲花，味甘如醴。"有诗云："此酒原非酒，却同酒中趣。""挹之新益甘，饮之醇若酤。譬与公瑾交，令人生远慕。"

清乾隆年间，当地官员两度在醴泉筑亭，使之成为"开建八景"之一。壬申年仲春，署开建事之高要县丞邵龙元庆贺醴泉亭修复，邀集僚友一觞一咏，与民同乐，一时传为美谈。

醴泉如酒，以醴泉之水酿酒，醇香奇异，千杯不醉，人称"神酒"。当初，南丰城里的人都到醴泉挑水酿酒，后来，人们试着在城郊的似龙河边挖井取水，觉得其水质与醴泉相同，酿出的酒也与醴泉无异。有人曾在醴泉井里放下一些秕谷，几天后这些秕谷竟在新井里浮出来，这证明两井之水相通。人们为将新井与醴泉区别，便以俗名"酒井"称之。酒井是个涌泉，到酒井取水酿酒的人越来越多。酒井的美酒声名远播，买酒人远道而来。有人干脆在酒井边建房酿酒，于是渐渐形成了一个酒井村，后来又在村边建起了一座酒井桥，以便于运酒的车马行走，一时间，酒井村商贾云集，热闹非凡。酿酒富了不少南丰人，也促进了南丰与外地的经济文化交流。在酒井村，现在还保留着一幢四层的中西合璧的清朝古建筑，这在封开是绝无仅有的，这是当时南丰与西方经济文化交流的见证。可见，清朝时，南丰的酿酒业就已经形成。

世间的美酒皆醉人，醴泉之"酒"却"醒"人。曾有一个6岁小男孩，在醴泉边玩耍时不慎跌落井中，近半小时后才被拉起，不仅奇迹般生还，而且虚弱多病的身体开始变得健壮，从此不生病。他就是现在的大岗村党支部书记、村主任李培林。"元气酿太和，宿醒解怪忡"，也许醴泉真有一定的药效。

153

寻访李氏宗祠

　　大岗村口，大坝边有一棵300多年树龄、4个大人才能合抱起来的大樟树，大樟树的根部也像极了苍龙。大岗村聚居着李氏族人，李氏宗祠建于清雍正二年（1724年），是目前发现的封开县内占地面积最大的祠堂。

　　李氏宗祠气势磅礴，建筑艺术精湛，雕塑人物、飞禽走兽栩栩如生。5块封檐板上精雕细刻着花鸟、人物、图书、博古等图案。前座前檐的封檐板独具特色，上面雕刻有56位各种姿态的戏曲故事人物，生动逼真，极具历史研究和艺术价值。除了封檐板外，内里墙体上雕刻有人物、树木、瑞兽等灰塑，有21幅壁画，《子路问津》一图保存得最为清晰。

　　逢年过节醒狮队会到祠堂表演，人们提着篮子盛着祭品前来拜祭先人，场面好不热闹。村民办喜事都喜欢聚在宗祠里，在先人的见证下，幸福长长久久……如今，李氏宗祠又添一新功能——作为农家书屋供村民吸取精神食粮，村民晚上吃完饭，有时会聚在宗祠的广场上乘凉，闲话家常，或者到农家书屋看书。

李氏宗祠是封开县内占地面积最大的祠堂，
而现在它又有了一项新功能——作为农家书屋，供
村民吸取精神的食粮。

驼峰斗拱

宗祠脊饰

似龙到头即龙吟

似龙河流至尽头，便与金装河一起汇入贺江，这里是传说中的"龙吟"之地，故有"似龙到头即龙吟"之说。唐朝年间，莫宣卿年幼时随母嫁到南丰金楼村，他天资聪颖，极有灵性，其言其行都仿佛与神灵相通。四五岁大的时候，他看见村人喝水要到河边去挑，河水常有禽兽搅混，很不干净，便到村边挖了一口水井，叫村人到井里挑水。村人感到非常惊奇，他们祖祖辈辈到处找水挖井，不知花了多少力气，就是挖不出水来，如今宣卿一挖就挖出水来了。从此，人们都叫宣卿为神童。宣卿高中状元后，人们就把他挖的水井叫"状元井"。1000多年来，状元井经过了多次修建，至今仍为村民所用。

龙吟之处有桥，人们便把这桥叫"龙吟桥"。

据说莫宣卿经常在井边读书，其读书声融进金缕河水向下游流去，这时，人们便会在金缕河与似龙河的汇合处听到龙吟之声。后来，人们便把这个地方叫"龙吟"，把金装河叫"龙吟河"，还在龙吟建了一座状元寺，可惜该寺现仅存一门楼，且牌匾上的文字也已不复存在。

龙吟之处有桥，人们便把这桥叫"龙吟桥"。古人建造此桥，不仅是为交通便利，而且也为锁住金缕河和似龙河的水口，以"聚"两河流域特别是下游地区之"气"，保佑这一地区人才涌现。由于龙吟桥与莫宣卿有关，人们将其视为莫状元的遗迹，千百年来，旋废旋修，现在仍是南丰镇最重要的桥梁之一。

也许是因为曾经"龙吟"，龙吟桥两岸成了开建地区的政治经济文化中心，历千年不衰。一边是南丰镇的主要街市，是开建及怀集、贺州附近地区的重要商品集散地；另一边是现南丰镇、旧开建县的行政机关所在地。明朝始筑城墙，城周366丈，西、南、东三面临贺江、龙吟河，北靠雁山，城外还有宽达3丈的城壕两重，可谓固若金汤。该城历明、清、民国至今已500多年，屡圮屡建，现存城墙30米和城门2个。南门石砌，正对龙吟桥，现在仍是南丰镇政府的正门。

大雅寥寥谁继音，几时风雨又龙吟？

黑石顶听瀑

七星河之源有个地名叫"黑石顶"，山高水又长，那里有封开最壮观的瀑布。这个瀑布的名字称为"九龙瀑"，原因是瀑布重叠九级，每级落差处前人石刻有九种龙的美名，非常贴切，还用"九龙鸣泉"来标榜黑石顶的灵魂。

九龙瀑在浓绿的山中，给人最直观的印象是零距离接触，只可近观，不可远望；远可聆听，近可咏读。游客们选择一条逆水而上的山径与各个瀑布见面，意在"逗龙"。

玉龙——在7米余高的崖壁上，也许是古老的山泉把岩层冲刷出一条有弧度的石槽，流水飞喷而下，形成一定的圆体，有如碧玉装饰而得名。从侧面看去，好似白鹅的长颈伸向天宇，又如龙在飞跃的气势。人近在咫尺，气流发出呼啸之声，听似龙吟。水溅在石上，弹起阵阵浪花，"任人来看四时花"。同时，也可看看山底周围的古树，粗壮高直，繁茂参天。林木中最好的景色在深秋，叶子就像披上五颜六色的迷彩服，与流泉映衬出自然魅力。

银龙——是黑石顶九龙瀑落差最大的一段，高约19米。上为悬崖，下为礁盘，翡翠般的枝叶欲滴，让泉涌配上最美的倩影，在岩石

与云天之间，瀑布像白银一样闪亮，得名"银龙"。水汽拉长了龙体，龙把露珠带上天空。凝望这没有翅膀的灵动，人也想抱住龙的躯体，高高地飞腾。也许，这乘龙的愿望，是水与水流出的一道亮丽的美意，可惜，眼前阵阵鸣水声，震耳欲聋，在近处仰望，白花花的一片，什么也看不见。

金龙——游客们凭着活水来的方向，爬越一条陡峭狭路，感觉到自己的脚是沿着水系攀登，透过一片蔚蓝，在一个平缓的宛如磐石的岩峭下，又看到了一水的经典。山中的水流顺涧而来，宣泄于此，声如散落的珍珠，状如龙儿。曲流时急时缓，送来数点野花、几片黄叶，流水簇拥着它们，欢声笑语。阳光落在此处，影出一道金色线，前人有感于此，便将这地貌水色命名为"金龙"。

神龙——穿过金龙游岩，就到了神龙瀑水，这里的水流格外单纯，在石与石之间就是一出泉水，穿过石盘喷发的是一种龙龟奇景。当你走近崖边，蓦然，一碛岩石形似独特的海龟，伸长脖子探于悬壁边缘，任由龙泉凌空翻滚，也是"龟然不动"。当地向导说，这是"水打神龟"，然后津津乐道地讲起这个奇形异象的来历：传说，黑石顶又名"黑石鼎"，有一只龟精，经常在山上爬动，想把石鼎移到南海龙宫。当它呼气时，就喷出水花，正好吕洞宾云游到此，怒从心头起，对着龟精狠狠地踢了一脚，从地上踢到空中，当龟跌落地时，吕洞宾就吹了一口仙气，使龟精变成巨石，让清泉长流为它"洗心革面"。

云龙——传说毕竟是传说，而清泉长流令人感悟山的神圣，水有生命。天光云影印落在紫石的瀑，泻峡而下，像是"乳泉天外晴飞雪"，岩下是闲适至极的清潭，潭边生长有许多珍稀植物，叶下珠、半枫荷、紫金牛、大蒲葵等，填补世界植物志上的空白。我最欣赏水

黑石顶有封开最壮观的瀑布，浓绿的山中飞腾出一道道姿态各异的白练。

边独自一径的幽兰，修长如剑的叶，沾满了雾凝的水珠，仿佛连同蕙心开满了花蕊。

青龙——追着泉水探幽，忽然产生另一种奇想，如何才能触摸到水的灵魂？到了青龙潭，掬一捧泉，能尝到泉的甘甜。泉水很纯净，虽说流动在沉淀与不沉淀之中，但长在岩峭的树叶，像是把水的色度加深了似的，淡淡中带着丝丝透明的绿梦，飘拂着一股青青的龙气，宛若青龙上旋。

双龙——也许是泉声与心声共鸣，再上一段路，眼前挂着两条瀑布，拟作比力竞斗精气充足的游龙。本来自由自在流淌的水，突然被嶙峋的岩石迎面堵截，迫使它激流飞溅，分道扬镳。峭石似犁，犁开横流倒泻，"四六分水"，十分可观，这就是一直被人们誉为"双龙戏湫"的图景。

浴龙——深得龙的精神，令人会意前行。此时至半山，远近高低的树木藤绕密不可分，石径之幽曲拐向山林岩层延伸，鲜绿的苔痕，湿润柔滑，小心翼翼拾级而上，无暇顾及泉影，只是泉水发出一种神奇的回声，悦耳动听。有人说是低音偏沉，有人说是高音带散，有人说是多音组合，总之这座大山就成了一个硕大无比的音箱，回荡着一曲奇妙的音响。

天，靠近了深处，露出了蓝蓝的天空，心随之爽朗。哗，这里有一泓半亩大的潭水。这是浴龙潭。这浴龙潭的来水，举目便见，山坳上瀑布分三段而下，形式很别致，亦很可观，可惜矮些，大致是每截四五米高。有石刻"龙船"字样，意为这一景色恰似一艘大船，驶向天国。泉水在"船"顶流泻，形成白玻璃墙体那般，更似风帆，任你作种种想象。

乌龙——再往上登就是乌龙瀑了，山上有一观瀑亭。

那么，黑石顶瀑布的源头究竟在哪里呢？泉的源头在山的西南方向，走近时，只见遍山怪石嵯峨，林木葱茏，理开荆蔓，发现山麓的一个石岩洞，洞口附近的岩壁上附着层厚厚的青苔，洞口有小潭，是清泉储集之处，据说冬暖夏凉，不涸不浊。蹲下身来，双手一捧酣饮，清冽可口，心中甜美的感受啊，无法用言语来表达。

珍贵的红豆与蒲葵

世界上凡有北回归线通过的地方，大都是沙漠和寸草不生的荒芜之地。黑石顶也是北回归线通过的地方，然而，区内却是峰峦叠嶂、沟壑纵横、古木参天，因而黑石顶又有"广东西双版纳"、"北回归线上的绿洲"的美誉。

在黑石顶有一种在别处很难见到的植物——红豆，人们称它为"相思豆"，它的种子呈红色，坚硬扁平，在黑石顶也就那么几棵。它的种子坚硬如铁，掉在地上吸收不到水分，极难发芽。保护区的技术人员曾做过实验，把红豆放在80℃的热水里浸泡24小时，然后再埋到土里，这样过上三天，种子便开始发芽。现在黑石顶的工作人员正在试用这种方法繁殖红豆树。黑石顶的一草一木都是受到严格保护的，什么都不能带走，唯一能带走的就是这些红豆。

在黑石顶我们看到了一棵长在崖壁上的葵树，它的一片叶子就超过1平方米，这是世界上独一无二的珍稀植物——封开蒲葵，在地球上就仅此一棵了。类似的植物在海南岛的高山上也发现过2棵，叫"高山蒲葵"，大小也差不多，区别在于高山蒲葵无刺，而封开蒲葵是有刺的。

封开蒲葵是世界上独一无二的珍稀植物，在地球上就仅此一棵了。

我国第一座北回归线标志

　　我国第一座北回归线标志塔——封开北回归线标志塔，位于封开县城江口镇西江北岸江滨公园内。北回归线所经过的世界16个国家和地区，大多数是海洋、沙漠地带，而经过我国广东的肇庆鼎湖山和封开黑石顶却是一片绿洲。

　　封开北回归线标志塔建成于1984年6月21日（夏至日），坐北向南，高15米，底座宽12米。外边以花岗岩砌成八卦图状，轴线面对南北方向，塔底为半球状，以虚实间隔线表示北回归线的走向。塔身以4条斜柱支撑，分别表示东南、东北、西北、西南四个方位，且四柱上刻有"夏至日北京时间12时34分太阳位于此地天顶"字样。塔身下部贴红霞色云石，镶嵌着"北回归线标志"6个铜板金字。塔身上部用不锈钢焊接，四棱飘出钢翼，从何处观看均显出"北"字形，寓北回归线之意。塔顶是个直径62.1厘米的铜圆球，寓6月21日为夏至之意。球中心有个直径10厘米的"窥阳圆孔"，供太阳直射校验。人门在塔身南北两侧叉开双腿，脚就分别踏着热带和温带，若碰巧是在夏至日的正午，太阳正悬在塔顶，人立塔中，"立竿无影"，透过"窥阳孔"可体会到地球在转动，太阳在南北回归线之间回归的情趣。

北回归线标志塔

韵致封开

有水的地方往往独具灵气，因为封开这一带地方水特别好，所以，这里的水文化、民俗文化也特别丰富。唱响刘三妹的封开，一吟一唱尽显岭南山水之刚柔，民间原生态舞蹈亦如歌绕梁，让一颗漂泊的心回归乡土，在温馨柔美的水乡做一个心醉的梦。

大江之舞

　　在翠竹掩映、碧水如练的贺江边，有一个水灵灵的小镇——大洲镇，这里的男人女人都很快乐，太阳一出就想唱山歌，月亮升起就想跳舞，跳那些属于他们自己的、从祖辈一代一代流传下来的舞蹈。千百年来，这里的人们以歌舞为媒，唱尽了多少男欢女爱，缔结了多少美满良缘。就这样，他们唱着跳着笑着，从广州、北京带回了"广东省民间艺术五马巡城舞之乡"、"中国民间艺术之乡"两块金光闪闪的金匾。其实，喜歌爱舞者又何止一个大洲镇，封开县内的许多乡镇，都流传着群众喜闻乐见的民间歌舞。

"五马巡城"舞进世博会

　　古来将领们通过贺江这条古水道守城戍边的故事，以节庆舞蹈的样式，留在了贺江流域的乡间，成为了古水道上的一抹风景。贺江下游最为蛇形蜿蜒的流域流经大洲镇，大年初一到十五，贺江流域的各个农村都会邀请表演队到自家村前禾坪开阔地演出，以求热闹，合境安康。同时，整个舞蹈鲜明突出地表现了儿女保家卫国的主题，令人为之振奋，也说明了贺江一线在古代作为兵家必争之地的重要意义。

　　"五马巡城舞"作为广东省非物质文化遗产的代表，跳进了2010年上海世博会。

乡间五马巡城舞，原味朴素更热闹。

　　五马巡城舞起源于宋末，历史悠久，阵容壮观，表演者需四五十人，至少也需35人，5人扮成古时战将，骑着黄、红、黑、白、青5匹马，前有引马童子，后有宫灯罗伞。舞者随着强烈的锣鼓节奏起舞，穿过东、南、西、北、中5个城门，气氛热烈，寓意戍边保国，颂扬爱国主义精神。

　　舞蹈的内容是描述宋代"五虎平西"的一段故事：五虎大将狄青、石玉、刘庆、张忠、李义把守京城，为防止外敌入侵日夜巡城。舞蹈由"开城"、"点卯"、"巡城"三个部分组成。"开城"拉开歌舞升平、万民同乐的场景，以五马舞、马童舞、宫灯舞构成，战马、彩旗、花灯、罗伞一齐上阵，无比热闹。"点卯"表现"点将—练兵—出征"的过程，以刀舞和旗舞为主，鼓声激烈，战旗猎猎，十分壮观。"巡城"则通过五扇城门的移动变化，战马的来回穿梭，构成复杂多样的图案和阵势，令人目不暇接。

　　该舞蹈于1989年12月参加"广东省第三届民间艺术欢乐节"的演出。领舞者陈立邦老人说，有时他们一天要演八九场，一个春节要演出百来场。1957年，陈立邦开始领着村上的男女青年练习这种老人们曾经表演过的舞蹈，后来舞蹈又经过文艺工作者的加工，最终作为广东省非物质文化遗产的代表，跳进了2010年上海世博会。

　　麒麟白马舞还与莫宣卿有关系，传说莫宣卿高中状元后不弃糟糠之妻，皇帝得知后十分感动，特赐麒麟、白马以佑，莫宣卿却用之佑乡民。乡民将此事编成舞蹈，流传至今。

麒麟白马闹新春

　　"利是钱，买炮仗，接麒麟，嘣嘣响。"这是每年春节到来时，大洲镇的山娃们最喜欢哼的顺口溜。同时，人们纷纷舞起麒麟白马，大闹新春。

　　该舞来源于"中国民间艺术之乡"封开大洲镇。相传唐朝年间来自封开的莫宣卿中状元后，上门说媒或许嫁者众，但莫宣卿爱情忠贞，不弃糟糠之妻，婉拒来者。皇帝得知后十分感动，特赐麒麟、白马以佑，莫宣卿却用之佑乡民。宋初，乡民将此事编成舞蹈表演，传承至今。

　　舞蹈表演由一男一女扮状元、状元夫人，骑白马、麒麟，前面各有童子引路，后面两人撑罗伞，两人提花灯，还有两人撑彩门，彩门上写"麟吐玉书"四个大字。人们随锣鼓节奏在彩门间穿梭起舞，场面十分喜庆热闹。锣鼓停下，便由一男一女对唱《麒麟曲》："新春锣鼓响咚咚，麒麟白马到村中，来到村中赞一句，幸福生活乐无穷。"当然还有许多唱词，大多是对纯洁爱情和美好生活的祝愿。村男村姑演唱时含羞带嗔，别具民间风情，给人一种美的享受，独具浓郁的地方民族色彩。

　　该舞蹈曾于1991年参加"广东省旅游文化艺术节"，在广州东方乐园演出。

白鹤舞飞扬

　　清代就流传于封开县内罗董镇、长岗镇。由1人舞白鹤，1人舞花鹿，1人扮寿星，另有3~5人持彩灯演唱"白鹤歌"，如："井头牡丹唔真多，白云飞出满江河。总要你姑落力磨，帮烧火，生涯都不错，开间小店养猪婆。"

　　白鹤舞主要寓意福、禄、寿，多在春节期间穿村过寨表演。1987年12月参加"广东省首届民间艺术欢乐节"，作为迎宾节目在东方乐园大门口表演，中外游客纷纷与演员合影博取好兆头。

　　要看到真正的白鹤舞，到贺江边吧！粉花荷绿叶，碧水青鱼游，微风波浪起，白鹤舞飞扬。曾以为朝云远去，暮雨不还，该是"无处不可寄一梦"了。我没有想到，这座岭南古都的白鹤飘然而来，翩然而去，竟如此强烈地撩拨着我的心弦。动静随心，去留无意，我们才会走进岭南古都那韵味深深的诗篇。"日月逝于上，体貌衰于下"，世事纷纭，心怀百虑，但只要有山、有水、有鹤，就会有梦、有爱、有追求，而此生，夫复何求！

白鹤舞主要寓意福、禄、寿，多在春节期间穿村过寨表演，热闹非凡。

春牛舞朴实真挚，它的愿望也很朴实，其实就是借舞蹈教育大家要爱护耕牛，勤耕勤种。

唱春牛，勤耕种

　　带着春风，夹着春雨，仿佛闻到叱牛声声在乡间田野里回荡，这是个充满着泥土气息的民间舞蹈，解放前曾在全县广大农村流传。人们满怀深情地赞颂和他们一起辛勤劳作的耕牛，充分表现了人们对这一农家宝贝的爱怜，对未来生活的祈求和期望。

　　大洲镇、白垢镇等地农村，过去在嫁女时有送"彩牛"的习俗，在牛头上扎一朵大红花，作为嫁妆送到男家去。牛是农家宝，是娘家至高无上的礼物，表示祝愿女儿成家后勤耕勤作，过上好日子，《春牛舞》即由此而来。由三个人表演，就像舞狮一样，一人舞牛头，一人舞牛身，一个农夫牵牛。表演方法比较单调，农夫牵着牛绕圈子，时而停下唱山歌，没有音乐，只有锣鼓击乐伴奏。歌词内容多为祝福新年开好头，祈望新的一年取得大丰收之意，多在春节期间表演。给我印象最深的，同时也最能表现这种舞蹈特点的是它那纯真、深情的唱词。牵牛的演员把牛牵到场中，便开始唱道："我条牛仔好耕田，生得头大角又尖，耙田唔使用鞭打，犁田唔使用索牵。"然后充满爱怜地抚摸耕牛，从牛头摸到牛尾，一边摸，一边唱："摸摸牛头摸牛尾，农家耕作全靠你；摸摸牛头摸牛眼，茨粟豆麦粮增产；摸摸牛头摸牛耳，发展生产走富裕；摸摸牛头摸牛嘴，耕夫步步紧相随；摸摸牛头摸牛身，风调雨顺好耕耘；摸摸牛头摸牛肚，生活改善有出路；摸摸牛头摸牛脚，唔愁吃来唔愁着。牛儿是个农家宝，爱牛如同爱父母，相依为命勤耕作，共同走向金光道。"歌词内容朴实，感情真挚，教育大家要爱护耕牛，勤耕勤种。

蚌舞和鲤鱼舞

　　仿佛是从水里捞起来的，从蚌舞和鲤鱼舞身上可以闻到江风带来的鱼腥味，闻到西江、贺江岸边泥沙的清香。它们的故事内容，尤其是蚌舞，与外国童话《渔夫和金鱼的故事》、我国的民间传说《田螺姑娘》有着异曲同工之妙。

　　有个贫穷的青年渔夫到贺江边打鱼，可是劳累了一天却没有捕到一条鱼。直到夕阳西下，却意外地网到了一只大蚌，他想一只蚌既卖不到钱也换不了米，便把它扔回水中去。谁知再下网时网起来的仍然是那只大蚌。天快黑了，渔夫只好把蚌放在衣兜里，感到又饥又渴，竟坐在河边昏昏沉沉地睡去。朦胧中他感觉到放在衣兜里的蚌壳慢慢地张开了，待他醒来，惊愕地发现一个美丽的姑娘就站

蚌舞由十多个演员共同
演绎一个美丽的爱情故事，
寓意爱情生活的纯真美好。

在自己的身边。姑娘说："你带我回家吧，我要做你的妻子。"青年渔夫说："不，我连自己都养不活，再添一张口，更无法生活了。"姑娘说："我爱的是你的勤劳和善良，带我回家吧，一切都会好起来的。"原来那美丽的姑娘竟是蚌仙变的，她的纯洁和忠贞感动了青年渔夫，踏着月色，他们双双地回家去了。

该舞蹈流传已有100多年了，由两人表演，渔夫腰挎鱼篓，蚌仙背负蚌壳，随音乐和锣鼓节奏起舞，寓意爱情生活的纯真美好，流传于金装开祥、大林等地。1983年春，广东电视台曾拍成录像播放。后经文化部门改编，由十多个演员共同演绎一个美丽的爱情故事，经常在送戏下乡中演出。

鲤鱼舞又叫"鲤鱼灯"，流传于都平、蟠龙口、凤村等地。在旧社会，这些地方洪涝严重，下雨半天大水汪汪。跳鲤鱼舞是为了祈求风调雨顺，祝愿年景好，不旱不涝保丰收。表演时，一人舞红鲤鱼，一人扮渔夫以钓饵引导，摇摆起舞。锣鼓停下时，舞鲤鱼者即唱："鲤鱼潦水到你家啰，你家富贵不忧穷啰！"鲤鱼舞出江边时，群众都烧香放炮送行，寓意送走涝患。多在中秋和春节时表演，就跟舞狮子一样，舞到谁家，谁家就放炮派红包。

鲤鱼舞是封开民间喜闻乐见的一种舞蹈形式，流传多年。编创者通过对鲤鱼生活情境细致入微的观察，提炼出鲤鱼"出滩"、"觅食"、"比目"、"啃泥"、"产卵"、"跃龙门"等动作，组合成不同的表演套路，刚劲有力，粗犷奔放，充分表现了男子舞蹈的阳刚之气，具有南派武功的特点。鲤鱼舞道具制作精湛，极具封开工艺特色，加上舞蹈用大锣鼓打击乐伴奏，具有浓郁的乡土气息和地方色彩。每逢喜庆节日，封开县各城镇乡村随处可见鲤鱼舞。精心制作的鲤鱼灯栩栩如生，"众鲤鱼"在"头鱼"的带领下，时而在水面悠然游动，时而潜入水底寻觅食物，时而相互嬉戏。高潮时"鲤鱼"急速翻腾，全力拼搏，最后高跃龙门，此时鼓声雷动，观者情绪激昂，全场欢呼喝彩，气氛十分热烈。100多年来，鲤鱼舞一直深受群众喜爱，在封开民间盛演不衰。

大爱之歌

封开民歌朴实无华，像珍奇的贝壳散落在贺江两岸，俯拾皆是；封开民歌娇艳绚丽，像一朵朵山茶花，在乡间田野嫣然绽放。有人说，如果你是一名音乐工作者，来到封开不接触一下封开民歌，或许会是一种遗憾。封开民歌曲式繁多，曲调丰富，是取之不尽用之不竭的音乐源泉，当地的本土音乐家曾利用它作为音乐素材，创作出一曲曲优美的旋律。

贺江一带的青年男女惯用唱山歌的形式去谈情说爱，在月明风清的夜晚，竹影摇曳的贺江边，常常可以听到竹林里飘出阵阵优美迷人的山歌声。过去罗董地方的乡村间喜用唱山歌的方式去迎娶新娘，新郎一方的人若唱不赢对方，就别想轻易把新娘接走。

江口的一首疍家谣

在封开县城江口，看看当年水上丝绸之路的古码头，能感受到当年的辉煌与历史的沧桑。曾经，多少官员、商客、文人都在这里进进出出、上上下下啊，可是，一切都已经烟消云散了，散在了历史的长河里，也散在疍家的歌谣里……

疍家谣来源于西江流域水上人家流传下来的口头歌谣素材，展现了疍家人的诚实勤劳。

船家唱：

亚爹又亚嫂呀！船头有风唔打横里呀，就将钱两打扮你娇莲咧。

亚爹又亚嫂呀！紧水抛锚船会流落湾呀，个条钱债等爹还咧。

亚爹又亚嫂呀！珍竹共头落硬贴呀，贴干贴净为你娇莲咧。

亚爹又亚嫂呀！出世三朝我嫂看成宝呀，上包背带下包裙咧。

亚爹又亚嫂呀！人家坐月食姜又食醋呀，我嫂挨无油头菜挨到娇成人咧。

亚爹又亚嫂呀！你话养娇又蚀本呀，养猪活狗仲会赚手花银咧。

大兄又大嫂呀！你睇戏就睇人之初性本善习相近呀，我嫂照书看落花会待老爷安人咧。

大兄又大嫂呀！我嫂是罗裙你姑亦是带呀！兄嫂——你姑风吹裙带入了九层云咧。

诗意开建山歌

开建山歌流传于县境北部的南丰、长安、金装、渡头、大玉口、都平等地，用开建方言演唱。《开建县志》载，早在唐武德元年（618年），当地群众便有祭社习歌的风俗，多于农历八月初七至十七，在美丽的月色下，利用河边、山冈为擂台，通宵达旦地对唱，听歌的多达数千人。20世纪80年代中后期仍有此类活动。

开建地区以汉人居多，所以开建一带的山歌就多了几分诗意，比如这首《采茶歌》：

二月采茶茶发芽
姐妹双双去茶山
大姐采多妹采少
多多少少采回家

六月采茶热难当
多种杨柳好阴凉
多种杨柳无人要
不如茶山多种茶
……

原生态山歌（采茶调）

是不是有点"采采苤苢，薄言采之。采采苤苢，薄言有之"的味道呢？又比如这首《浪荡人》：

锣鼓喧天上彩楼，男人装作女人头。
容易少年容易老，一时快活一时愁。
金榜题名空富贵，洞房花烛假风流。
是谁识得其中意，莫学少年浪荡游。

这是开建一带家庭闲暇时唱的一首民谣，由祖辈相传，主要是当家庭教育儿童的警句，至少已经传了五代人了。

听这曲子的时候，我突然想到，或许这首歌就是一个"浪荡人"自己写的吧。这么一想，顿时觉得歌里有无尽的感叹，正是"满纸荒唐言，一把辛酸泪。都云作者痴，谁解其中味"。

文德山歌：少数民族味道

"封开"的名字其实是来源于两个县：封川和开建。这两个县的方言不一样，所以民间流传的山歌也风味迥异。

文德山歌流传于莲都、渔涝一带，多在收获后的农闲季节演唱，农历八月和春节期间比较盛行。有时以独唱形式消愁解闷，有时以对唱、合唱形式出现于村头巷尾。文德原先属于封川，而这一带以前是百越杂处的地方，至今还有很多"罗×"、"替×"的地名，如罗董、罗境、罗沙以及替花、替路、替良等。"罗×"、"替×"和广西的"那×"，都是属于壮语地名，历史上是西瓯骆越的地方，所以，文德山歌带有很浓郁的少数民族的味道。清朝人黎简对两广一带少数民族的民间歌会有过这样的描写：

春衣白夹骑青骢，浅浅平芜淡淡风。
蜡髻蛮姬斗歌处，四山纯碧木棉红。

借黎简的这首诗，让我们想象一下当年赛歌节的场景吧：

那是一个木棉花盛开的早春季节，地点是在一处四周青山的平旷地带，一群在艳丽的春衫上套着白色夹衣的妇女骑在青骢马上，正从春草短浅的原野上由远而近，其时天朗气清，和风拂面。"春衣白夹"和"蜡髻"都是富有民族色彩的打扮，"蜡髻蛮姬"在画面的中心，无论从哪个角度看过去，都能见到青山映出的火一样的木棉花，以及青山、红花背景上衬托出的一群神采飞扬的斗歌的年轻女子。

再来听一下他们唱的是什么吧。先是男的主动撩拨——

唱罗妹

剩冇开声到几时（意为"还不开口，要等到什么时候）

日出时辰冇几耐
大众耍乐有意思

唱罗妹
点解你还冇开声
人家求你你就唱
同妹唱歌有几何

唱罗妹
只求阿妹唱支歌
妹妹唱支哥唱支
支来支去似抛梳

想妹唱歌这般难
又冇要妹去担山
担山就话要出力
唱歌开口有何难

在"阿牛哥"的诱导下，"刘三妹"终于羞答答地开口了——

冇会唱
妹个从来少唱歌
少读诗书肚里拙
水浸泮田冇熟和（禾）
……

此间老手听到这里，就基本能猜得到后面的情节了——妹只要开了口，那就有戏。

文德山歌带有很浓郁的少数民族的味道，流传于莲都、渔涝一带，多在收获后的农闲季节演唱。

都平五星山歌

传统山歌中最常见的内容不限于和劳动直接联系的事情，还广泛地包括各种叙事的、诙谐的以及爱情生活的题材，歌词多是即兴创作的，具有淳朴的情感、大胆的想象和巧妙的比喻等特点，是即景生情的联想和延伸。都平五星山歌流传于都平镇五星、三洲和白垢等地。据载，该地区在清代是瑶、壮民族集居地，山歌带有瑶歌的特点，既可对歌也可在田间劳动或闲暇时自唱。试看一曲《天星伴月亮》：

唔熟唱歌难开口，铁打葫芦开口难，葫芦挂上梅树顶，出声又怕别人弹。
火烟屈屈在甬出，出到半甬塞个坡，新塞坡头种蜜梨，蜜梨开花枝对枝。
天上天星叫妹数，江水甘长叫妹量，江水又长尺又短，人心难测水难量。
天上天星伴月亮，田基茸草伴禾生，十八亚姑伴子弟，五洲兵马伴官行。

此曲乃开建语系流传比较广的界头山歌之一，多为对唱形式。每年中秋节时村与村之间开堂对唱斗歌，或在田间劳动时对唱。据说此歌在当地流传有100年以上。

另一曲《贺喜》，是在新屋落成进宅时，有歌手前来贺喜，到主家厅堂时所唱。节拍自由，曲调轻快，充满喜庆。此歌流传于都平一带，据说亦有百年以上历史。

贺喜，贺喜，
日新贺喜啊呀，
贺喜年新月又新，
贺喜年新佳景节，
唱下山歌过日辰。

贺喜，贺喜，
喜炮过了喜炮来，
喜炮锣鼓唱南歌。
闻今去年起大屋，
今年恭喜入新堂，

贺喜，贺喜，
此边往时未来过，
初初来到谷围村，
闻得贵村上新屋，
我要耍过好团圆。

悠悠二友调

　　流传于大洲、泗科、白垢等地，多以对歌形式出现。不分季节，青年男女在山头河畔对唱。逢喜庆事，歌手便用二友调配上与活动内容有关的唱词来歌唱，名称则有别，如唱结婚的叫《鸾凤歌》，唱新居入伙的叫《新屋歌》，唱小孩满月的叫《送鸡歌》，唱贺生日的叫《祝寿歌》等。流行于全县各地调式、风格、唱法各异的山歌达数十种之多。

　　《鸾凤歌》又叫《思情曲》，采用下友、二友调对唱：

（男）隔江烧瓦遥相望呀，隔海养蚕两头吐丝，短木架桥冇得到岸呀，两头相望呀到何时。
（女）不信但看枯稔子呀，地哩定柠在呀高枝，大霜大雪打唔落呀，两家有心呀不怕迟。
（男）丹竹断根不断表呀，蕉树断心不呀断丝，十字界头分火把呀，宁愿分火呀莫分离。
（女）妹亦同兄讲句话呀，宁愿分火莫呀分离，九月黄蜂离了窝呀，离窝未能呀舍得飞。

山茶花山歌队队长莫祝华与老艺人切磋山歌二友调。

大俗之美

> 封开不是少数民族地区，但却有着属于自己的民间民俗风情：飘香的枫叶糍粑、开建妇女的麻布长衫、大洲村姑的发髻、祠堂社坛的花灯……构成一幅幅多姿多彩的民俗风情画。
>
> 封开有众多的庙宇、社坛，如北帝庙、关帝庙、圣妃宫、莲塘庙、新福社、归天社等。各个庙寺神社有各自的诞辰，其诞辰日就是庙会期。庙会活动按庙而异，有每年一次的，也有相隔两三年或四五年一次的。庙会期都会有菩萨出游、标炮活动。江口北帝庙每年都有一次活动，活动期间除菩萨出游外，还有各种民间艺术和文艺节目表演，万人空巷。

生活服饰解码

开建，是封开县北部片的一个区域，其语言和服饰与南部片有着很大区别。该地区说的是南丰话，外边的人听不懂也不会说；民国时期开建妇女很多都穿阔脚唐装裤，身上穿着家织麻布缝制的大襟衫，长可过膝，是当地特有服饰，是一道极具地方特色的亮丽风景。

在农村，未婚女子一般都梳辫子，只有婚后才梳发髻。而在大洲、泗科、都平、大玉口等地方，女子无论结婚与否都喜欢梳髻。所以你到了那里见到梳髻的女子，千万不要叫大嫂或大婶，应该称呼大姑或大姐，否则会自讨没趣。其实只要你细心，也可以分辨出来，未婚女子梳的是扁髻，插银簪（或银的代用品），中间系一根红头绳；已婚妇女梳的是圆髻，插金簪（多以铜代替），系两条红头绳。

封开人衣着朴素，待人谦和有礼。

庙会、炮会

　　封开县境内的庙宇、神坛经考证多建于明清，少数在民国时期重建。知名的神庙有：封川县城的光孝寺、北帝庙、东狱庙、华光庙、关帝庙、金花庙，河儿口的荣华寺，莲都清水的圣堂庙，杏花斑石山下的圣妃宫，平凤的盘古庙，其他区域的蓬莱宫、留星宫、镇东宫、广寒宫、青山宫；开建县城的城隍庙、北帝庙、关帝庙、华光庙、七圣庙、龙母庙和宝月宫、天后宫、太微宫、新福社、归天社，西岸洲的城西庙，渡头莲塘庙、金装庙，赤黎的灵胜庙、灵田庙，大玉口的龙门庙，都平的永胜宫，南丰平滩的城都庙，簕竹的石鼓庙，时学的张仙奶庙，开明的双福寺，侯村的金山寺，汶塘的正明寺，江贝的大同寺、文昌寺、宝胜庙，小洞的东江庙等等。各个庙寺、神社有各自的诞辰，其诞辰日就是庙会期，庙会活动有每年一次的，也有相隔两三年或四五年一次的。

南丰城西庙庙会

炮会是民间在各个神庙诞期举行的传统性群众活动，四乡群众云集。炮会设有头炮、二炮，还有三炮和四炮的，各炮获得者则负责庙会事宜，包括动员组织一方群众筹款、祈祷神灵保佑诸事如意吉祥。炮会放炮期，先由上届承办单位（或个人）将炮屏（称之为菩萨的象征、化身）由八音鼓乐队、醒狮队、彩旗罗伞仪仗队护送到放炮地点，称之"还炮"。在炮地用竹木材料搭起高台，安设一门六七厘米口径的火药钢炮筒，炮口上放上一只"炮圈"（直径五六厘米，周边用红线或红绸布条缠绕着）。各村寨为得到炮圈，均事先组织好一帮青壮年上阵，放炮开始，炮圈坠落，你抢我夺，热闹非常。得炮圈者就成为炮首和下届炮会的承办者，还可获得炮会奖金。

斑石圣妃宫圣妃诞庆。后人为纪念仁慈济世的"圣妃"刘三妹，在斑石下建一座圣妃宫来供奉她，每年春秋二祭。

中秋月圆请仙姑

农历八月十五日，是封开人的传统节日。为庆祝一年一度的中秋佳节，节前每家每户都准备了月饼、柿子、柚子、爆竹等赏月、贺月之物。圆月当空升起，各家男女老少都会团聚于庭院或门前，摆起香案拜月，小朋友们在月光下追逐嬉戏，一家老小其乐融融，共享天伦之乐。

这一天晚上，封开农村妇女们不管年轻年长，都会集中到一起，备香烛茶酒进行请仙姑活动。请仙姑又叫"伏仙"，开始时由会请仙姑的人手持一把点燃的黄香，对着一班被请的人（人数多则十来个，少则五六个）画圈圈，口中念念有词；被请的多是年轻姑娘，集中端坐闭目静息，渐渐便会进入梦游状态，说出一些平常不会说的话，或做出一些非寻常的举动——用科学来解释，其实这是一种催眠方法，由主持者的语言和香火造成的氛围，引导被请者进入半睡眠状态。

过去青年男女在中秋之夜相邀，一边露天赏月一边吃田螺，或结伴舞火龙、提灯玩耍，南丰、泗科一带的群众习惯于节日前后的每天晚上搞山歌擂台会，或隔江对唱山歌。许多乡里群众都会参与进来，场面热闹，通宵达旦不眠。

杨池古村举行的一场传统、隆重的婚礼。新郎新娘均以古典造型出现。

择日嫁娶，圆圆满满

从清朝到民国，封开县内各地男女婚姻都奉行"父母之命，媒妁之言"，一场婚礼至少要完完整整地经过了订婚、请婚、结婚、婚后回礼等程序，才能算得上圆满。于现今都市中时兴的"裸婚族"而言，封开传统婚礼不免费时、费力、铺张浪费，然而当寂静的村子里忽然响彻久违的齐鸣爆竹声，满地飘散着红碎纸，孩童们兴致勃勃地上下奔走看新娘新郎，这传统婚礼的欢乐喜庆氛围自然能立即感染作为看客的你。

通常在举办婚礼前，媒人要同男女家联系，征得双方家长同意后，即"通八字"，互通子女出生的年、月、日、时，经双方家长请算命先生确认男女双方命无相克，方商议订婚。一般由男家选定吉日，用红纸开具柬帖，连同聘金及鸡、酒、肉、面等礼物专程送到女家；女家收下柬帖，同样以红纸写好回帖，连同酒肉等回礼男家。

接下来男家择定成婚良辰吉日，即用红纸书写红帖，连同鸡酒礼物送到女家，俗称"送日子"；女家答允，即回柬，并送回一些礼物。

到了结婚前的一个月（起码10天以上），男女方各发请柬，请亲戚、好友如期前来赴宴。受请者一般都要准备贺礼。贺男方的，一般送镜屏或用纸币贴成的"双喜"；贺女方的，多送布料、床上用品、毛毯等，较高档的有金银首饰。

女子出嫁前一日，境内一些地区女家叔伯要请即将出嫁的侄女吃一餐饭，俗称"姑娘饭"，意在饯别。封开县境北部一些地区在结婚前几日，新郎要到渡头莲塘庙祭拜莲塘太；县境南部多到罗董丰寿山参拜丰寿寺菩萨。

婚日前后热闹三天，婚日前一天薄酌，称之"入席"，摆宴席请同宗亲属和送贺礼的亲戚、朋友；婚日后一天为散席宴。入席日还有一系列的迷信活动，如男家请道士为新郎"出花林"，而女家为新娘"送六郎"等等，好不热闹。

县境多数地区新娘上轿前，由预先请好的"引娘"为出嫁姑娘整妆打扮（头梳发髻，插银簪，戴耳环、手镯子、凤冠挂面珠，穿霞帔，系长裙玉带，穿大红绣花鞋），拜别祖宗、家人，吃"离娘饭"（多是糯米糖饭），并由伴娘扶上轿。渔涝、莲都、都平、泗科等地新娘则由大哥或大嫂背到村口上轿。

花轿将新娘接回男家后，鸣炮，由"引娘婆"将新娘从花轿扶出，引入新房。新娘进门，要跨火盆，县境北部称作"过火河"，意为驱邪纳彩。有的地方则把笤箕向新娘头上兜一兜，示意有"天罗地网"，嫁到男家后要听话、受管教。新娘进新房后不能立即坐下，要等新郎回房与之合交杯后，新郎坐下后才能坐。新郎入房用脚踢开门，以示男尊女卑。当晚用膳由"陪娘"拿到房中吃，并要留"底"（不能全吃光）。次日早上新娘要为男家长辈倒水洗面、递茶，还要由"陪娘"陪到水井或河边挑水，向井或河溪授抛硬币，给井翁或河神点烛、烧香、鸣炮。吃过早餐后，新郎与新娘一起"返面"（回娘家）拜见岳丈、岳母等至亲长辈，并递茶致礼。女家设午宴款待，新郎、新娘当日告辞回家。婚事即算圆满完成。

解放后，封开民间婚礼不断改革，过去流行的"通八字"、坐花轿等习俗已淡化，婚礼质朴文明，但仍喜气洋洋。

婚宴在叶氏大宗祠前的空场地露天举办，乡亲祝福新人举杯庆贺。

添丁旺财

　　家族添丁是可喜可贺的事，封开县境各地妇女生育习俗有所不同，但不管是豪门大户还是平常人家，都会特别重视这个新生儿的降临。

　　婴儿出生，第一个进门的客人，南片封川称作是"踏头爷（娘）"，主家要请其吃"红鸡蛋"，小孩出生后的第三天（俗称"三朝"），请其"饮鸡汤"。北片开建对生育后第一个进门的客人，则称为"养爷"，请其喝杯酒，逢年过节主家还要向他送鸡、猪肉等礼物，"养爷"以鸡腿还礼。如属男孩，长大成人结婚，"踏头爷（娘）"、"养爷"是必请之客，被请者则要送点贺礼。

　　产后一星期，由娘家派人去送鸡（一般为6～8只，亦有多些的）给产妇，并送小孩衣服、小帽、鞋袜、被带、褛裙等，谓之"送羹"。前来"送羹"的以女客为主。小孩满月，多数家庭都摆满月酒，富裕人家阔绰些，穷者则从简。一般宴请堂兄弟及以娘家为主的亲戚。

　　在得婴喜宴上，女客坐正堂，娘家的长辈坐首席。

　　县境西部与苍梧交界的泗科、大洲、白垢、都平等地流行"送鸡酒"，要用二友调对唱《送鸡歌》，主家和娘家均请一班歌手"对阵"，以女客为主斗歌，甚至通宵达旦。歌词内容有祝福、唱古人、猜历史人物、猜字的，也有农事生产方面的。主人要为对歌者备夜宵、供茶，为每个歌手发新面巾，场面十分热闹。

　　年内出生的男丁在次年正月初十或十五日要在祠堂里挂花灯，谓之"入灯"（向祖宗登名才算正式入族），入灯主要请族老宴饮，入灯期一般从挂灯日算起10天。完灯日各灯主欢聚，祭拜祖宗，然后把挂灯放下焚烧，喜庆畅饮。

　　解放后至20世纪70年代末，挂花灯的习俗渐已消失，请灯酒的习惯在部分地区尚存。80年代后，为男丁挂灯的习俗在一些地方又恢复起来，这大概也算是传统回归吧！

寻味封开

粤西小城封开就是这样一个好地方：随时想吃，随时有得吃！在清新的空气中和天然的田园风光里，享用绿色的食材，品尝地道的风味菜，令人胃口大开食指大动。来吧！就让久违的乡土美食带你找回儿时的记忆。

龙山奇境酒店让客人足不出户就可以欣赏到雨中山景、丽日山色、田园阡陌等不同的山野风光，好景配美食，真是人生一大享受。

人们去旅游，每到一个地方，总会第一时间关心当地的特色美食，民以食为天嘛。封开的特色美食，并不是什么价钱昂贵的山珍海味，而是价廉物美的寻常之物，但绝对让你品尝之后回味无穷，有的还是馈赠亲友的上佳之品。你看，餐厅酒楼门口停满了挂着外地车牌的私家车，热闹非常。人们多半是慕名而来的，

杨池山笋

杏花银梨

除却这岭南奇境的罕见独特，更多的是为在这个充满奇风异景的地方品尝健康的美食佳肴。

　　贯穿封开几大旅游景点的公路上，小镇和景致一样，一个接着一个出现，每一个小镇又都有自己的招牌菜式。如果就在路旁的小饭馆前停下来，不计较环境的简陋，抛却所有的约束，美美地大快朵颐，这种方式，有点狂野，又有点奔放。又如果，跑到景区里面，优哉游哉地享受大自然的美景和美食，这种方式，是可以入画的优美。不过，同样有点"野"，因为就餐的地点，在都市人的心目中无疑等同于塞外郊野。例如在有"广东小桂林"美誉的龙山景区里，餐厅傍水而建，站在餐厅里向外远观，

麒麟李

碧水、荷花、垂柳、秀山，还有蓝天白云浑然一体，构筑了一幅赏心悦目的画面。在这个环境里，清新的空气和美景自然能让你胃口大开。

但凡去过封开的人，无不对这里的三大驰名美食——杏花鸡、贺江河鲜、莲都山羊津津乐道，而这所谓的驰名美食，其实只是当地最普通不过的食材。封开人以最普通的食材、最常见的烹调手法、最简朴的摆碟方式，给游客的味蕾留下难以忘怀的味道，这靠的还是食材本身的天生丽质。

唐朝贡品"杏花鸡"

无鸡不成宴，有宴就有杏花鸡。

凡是到封开旅游观光、探亲访友的人，一定要吃杏花鸡来解馋。如果到了封开而没有吃上杏花鸡的话，那就等于白来了一趟。要说这杏花鸡名气有多大？不说你还不知道，史书上有记载，它是大唐宣宗年代的贡品，今与"清远麻鸡"、"惠阳胡须鸡"齐名，并称为"广东三大名鸡"。

远远一看，杏花鸡形似沙田柚，圆圆滚滚的，当地人又称为"米仔鸡"。杏花鸡体态优雅，"龙头"、"凤尾"、颈毛形似贵妇的披肩，并具"两细"（头细、骨细）、"三黄"（嘴黄、毛黄、脚黄）、"两短"（身短、颈短）的特点。

据当地厨师介绍，杏花鸡肌肉丰满，脂肪分布均匀，无论是白切还是清蒸，吃起来都一样嫩滑鲜甜，尤以白切做法最佳。因为杏花白切鸡，是将鸡宰好洗净后，置于90℃微沸的开水中浸熟的。煮熟的杏花鸡皮色是淡黄的，很有光泽，皮薄剔透，肉质弹牙，用筷子轻轻一压就能渗出油来。品尝杏花鸡是什么滋味？"就像看'贵妃出浴'呗！"有游客回答得既风趣幽默又恰如其分。其实杏花鸡概括起来就是"香、嫩、滑"三个字，入口嫩滑清甜，不肥不腻，骨细香脆，不愧有"玻璃皮"、"蔗渣骨"之称。

杏花鸡也得名于封开的杏花镇。该镇石灰岩遍布，修竹茂林，溪水清清，是放养家禽的好地方。据当地史志记载，杏花镇养鸡有2000多年的历史，农户沿用传统的方法将鸡散放饲养于修竹茂林中、溪边竹林下或山上松树下，常以野草虫喂食。放养的杏花鸡毛色淡黄润泽，行走轻盈，与圈养的鸡有别。

放养的杏花鸡毛色淡黄润泽，行走轻盈，与圈养的鸡
味道有别，凡是到封开来的人，一定要吃杏花鸡解馋。

　　本地有支歌这样唱道："歌仙刘三妹，唱歌斑石前，引来金凤凰，落户杏
花村。"据说"歌仙"刘三妹经常偷偷地从天上飘到斑石顶上去唱山歌，她的歌
声可好听了，能让人越听越精神，越听越勤快，把周边的懒汉都唱得变勤快了，
把远方的金凤凰也唱来了。有一天，王母娘娘得知刘三妹偷着下凡间唱山歌，勃
然大怒，就把她严加看管。没有了刘三妹，金凤凰夜夜哀鸣，几乎奄奄一息，好
心的村民就把金凤凰抱回家喂养。忽然有　天，村民回家发现金凤凰变了，变成
了一只大公鸡，在小院里"咯咯"地叫唤。从此，大公鸡世世代代在杏花镇繁衍
生息，就有了现在的杏花鸡。也许真的因为有了金凤凰的基因，杏花鸡才身价高
了，更名贵了。

　　如今在封开县城、各镇及景点景区的酒楼餐饮店，都能吃到正宗的大唐贡品
杏花鸡。

封开油栗

每年金秋时节，便是封开油栗收获的季节。村民将采摘下来的油栗堆放在家，屋子里充溢着丰收的喜悦。

封开油栗又称"封栗"，每年金秋时节，便是封开油栗收获的季节。

封开种植油栗已有500多年历史，早在20世纪20年代就已扬名海外。原产于长岗镇马欧村，主要产区在长岗镇、罗董镇、杏花镇。从外观上看，封开油栗个头小，产量也远远比不上板栗，但品质却是极优良的。其肉色蛋黄，肉质软糯，生食清甜爽脆，熟食甘香可口，富含淀粉、原糖、蔗糖、粗蛋白等，有"坚果之王"的美誉，是强筋补肾的好材料。

封开油栗被视为"栗中珍品"，所以价钱要比其他毛栗贵1倍多，但物有所值。成熟的油栗外壳呈紫红色，如同浸了油一般润泽、光洁，一看就惹人喜爱，还能长时间放置而保持味不变。趁热剥开栗壳，只见果肉饱满浑圆，黄灿灿的，散发着喷鼻的甜香。尝一口，松、软、香、甜兼具，真是无上的美味啊！

每逢封开的油栗上市，总被顾客抢购一空。1958年，长岗镇马欧村种植的油栗在参加全国农副产品博览会上，获得周恩来总理亲笔签发的奖状，因此，这个盛产油栗的马欧村也被国务院评为"水果之乡"。1988年，封开油栗又被评为"广东省名优稀水果品种"，载入《广东省名优稀水果品种图谱》；2006年再获"中华名果"称号和绿色食品认证。目前，封开油栗已列入国家农业综合开发项目，并注册了"奇香皇"商标，作为封开的拳头产品向游客大力推荐。

莲都山羊，滋身暖心

"鲜"字拆开为鱼和羊，既然要尝鲜，有了"鱼"，自然也少不了"羊"。每每入冬，对于老饕来说，没有羊肉滋补的冬天是苍白乏味的。此时，封开莲都的石山羊刚好应节上市，其肉质扎实细腻，又毫无膻腥之味，自然成为冬季补气养血、温脾暖肾的抢手食材。

在游览封开十里画廊的乡村美景时，你一定不会错过石山上很多蹦蹦跳跳的小身影，它们就是远近驰名的莲都山羊。这些活泼好动的家伙全由当地农民在石山上放养，让它们自由觅食，每天日出上山，日落下山，住的是农户在山下搭建的小房子，俗称"羊楼"。它们平常在石山上自由奔跑，从而练就了扎实细腻的肉质，由于以树叶、草木为食，因此肉味甘香、不膘不膻，成为了羊肉类的上乘之品。在封开的龙山餐厅以当归、枸杞等药材为材料带出莲都山羊肉不膻不腥、扎实爽口的口感，食用时再佐以当地的腐乳、麻酱等蘸料，鲜嫩惹味，绝对吃得皆大欢喜。

罗董牛肉干，牛气十足

罗董牛肉干是罗董镇的特产。每年的11月，稻田熟，秋风起，罗董人就开始忙着制作牛肉干，这时空气里四下飘散着牛肉的浓香，来到罗董镇，你一定不要错过。

罗董牛肉干的做法最简单不过了：选用肥美的黄牛肉，不需烟熏火烧，把它们吊挂在自家的屋檐下，任其在凛冽的北风中自然风干。成排的牛肉干看上去暗红暗红的，就像是北方的腊肉。它与市场上一般的牛肉干大不同，罗董牛肉干不是当零食即食的，而是用来做菜的：将风干好的牛肉切成薄片，配以姜、葱等作料一起爆炒，从锅里溢出来的香味简直要把房顶都掀翻了。夹起一块送入嘴里，顿时唇齿生香，紧韧鲜美，越咬越有嚼头，再挑剔的食客也会拜倒在罗董牛肉干面前！罗董镇的杨池古村有道名菜——子姜炒罗董牛肉干，就俘获了不少游客的心，有机会你一定要前来品尝！

风干好的罗董牛肉干切成薄片，配以姜、葱等作料一起爆炒，锅里溢出的香味简直要把房顶都掀翻了。

贺江河鲜

贺江河鲜正当时

　　贺江，以碧绿幽深闻名，有关专家称其为"中国最清澈的河流"。它不像长江巨浪滔天，势不可当，露出雄性逼人的英气；而是怀着女性的柔情，坚韧地流淌前去，百折不回。经千万年不息地奔流，贺江为自己开辟了一条如诗如画的百里艺术长廊，一幅天然长卷山水画，以其深厚悠远的文化底蕴，恬静自然的田园风光，罕见的特殊"蛇曲"地形，使贺江仪态万千，韵致无穷。

　　由于贺江水清洁无污染，故其河鲜质地特好，味道特别鲜美。贺江鱼生，四乡八里闻名而来，用贺江鱼做成的酸辣盘菜，令人胃口大开。贺江野生鱼类有40多种，桂花鱼、鲈鱼、骨鱼、钳鱼、鲶鱼、青竹鲮、鳊鱼、鲩鱼，还有欢蹦活跳的河虾。贺江的大鲤鱼有六七斤重，曾有雌鲤鱼怀孕时浮到水面上缓慢游动，用"缴"轻轻一兜就可以活捉的趣事。

　　其实，最写意的是贺江垂钓。周末与朋友相约去贺江钓鱼，你一定很久都没有如此闲情了。钓鱼其实未必全是为了钓而钓，在那风景如画的江边，想象一下你身处在这么美丽的大自然之中，本身就是别人眼里一幅美丽的画卷，而人也是点缀这幅画卷的一景。此时城市的喧闹、人世的凡尘俗事，皆随那缓缓流淌的江水渐渐消远，人就只会想着享受这份安逸。

贺江两岸茂竹苍翠，江水清洁，河鲜质地特好，味道格外鲜美。

　　再厚的书本，都有最后的一页；再美的画卷，都有收尾的一笔；再精彩的表演，都有谢幕的一刻；再酣畅的宴饮，也都有分手的一杯。而封开，遮不住的青山隐隐，流不尽的绿水悠悠，还有那唱不完的山歌，讲不完的传奇，却会长久地留在每个游人的印象当中，直到多年以后，还依然记忆犹新，伴随着南国温润的水雾，在心灵深处慢慢点染，慢慢晕开……